书山寻宝

梁小民 —— 著

中国友谊出版公司

目录

001 序　言

001 点评大历史
——《人类简史：从动物到上帝》

019 老调重弹也有味
——《财富与贫困：国民财富的创造和企业家精神》

035 如何应对"黑天鹅"和"灰犀牛"
——《剧变：人类社会与国家危机的转折点》

051 从甲壳虫看德国制造业
——《甲壳虫的全球史》

065 叶利钦时代的经济改革
——《寡头：新俄罗斯的财富与权力》

083 如何应对水危机
——《创水记：以色列的治水之道》

099 创新理论及运用
——《经济发展理论》与《创新与企业家精神》

 书山寻宝

117 人类起源与演化的经济学解释
　　——《进击的智人：匮乏如何塑造世界与文明》

133 美洲的发现对世界和美洲的影响
　　——《1491：前哥伦布时代美洲启示录》《1493：物种大交换开创的世界史》《哥伦布大交换：1492年以后的生物影响和文化冲击》

153 多元的上海
　　——《异质文化交织下的上海都市生活》

169 倭寇的来龙去脉
　　——《倭寇：海上历史》

181 走近开放的粤商
　　——《大国商帮：承载近代中国转型之重的粤商群体》

197 带一本书游北欧
　　——《北欧，冰与火之地的寻真之旅》

215 走向南极：从探险到科考
　　——《南极洲：从英雄时代到科学时代》

目 录

231　丝绸之路的历史真相
　　——《丝绸之路新史》

247　读商帮小说
　　——《白银谷》《大清商埠》《大商无界》

263　换个角度看中国海盗
　　——《明清海盗（海商）的兴衰：基于全球经济发展的视角》

序言

书海捡完贝了,再上书山寻宝。上山下海是为了寻找宝贝,这宝贝就是值得认真读的好书。我是如何找到这些宝贝的呢?也就是说,我是如何通过读书找出这些好书的?

我读书的习惯或找宝贝的方法,首先是大量泛读。泛读并不是"标题党",只看题目,而是快速地把全书浏览一遍,目的是了解这本书的大体内容,从而判断值不值得再读,对研究自己有兴趣的问题有没有参考价值,有哪些参考价值,以及这本书适于哪一类人读。这就是说,泛读既是一种享受,又是一种筛选。寻找的快乐,不仅在于最后找到宝,还在于寻宝的过程。如今出版的好书太多,读不过来,只好凭自己的兴趣广泛地阅读。当然,泛读也不可能什么书都读,所以泛读之前当然要做一回"标题党",从书的题目,再加作者和出版社的名气,判断这本书值不值得读。但是,标题和内容也会不一致,有的书标题甚是诱人,买来一读,却不免大呼上当。标题仅仅是一个名字,名不一定符实。正如叫"淑贤"的女孩不一定

 书山寻宝

温柔贤惠,叫"伟"或"雄"的男孩也不一定强壮。作者与出版社可以作为一个参考标准。一个著名学者写的书总差不到哪里,一个严肃的出版社也不会出烂书。当然,这样选书难免会漏了一些"新秀",所以,这仅仅是参考。

根据这三个标准选了泛读的书,就可以读了。泛读当然是读得极快。泛读时我每天可以读一本书。前几年我把每月泛读的书总结出来发表在《上海书评》上,不少人认为我是吹牛,网上也有抨击。但是也有人证明自己这样读过,只要有时间是可以的。那几年我处于全休状态,什么事也不做,连家务事也不管不问,不看电视。这种阅读状态别人不大可能有,不理解也很正常。更重要的是,读书是一个熟练工种,读多了就快了。正如开车时间长了,车技自然好一样。我从小学就爱读书,从街边小铺一分钱一本的小人书读起,再读儿童读物,然后读成人的书。小学时读的两本书,我至今记忆深刻,一本是苏联科学家伊林写的《十万个为什么》,引起我一生爱读科普、喜欢探索大自然之谜的习惯,另一本是苏联侦探小说集《红色保险箱》,使我一生爱读侦探、推理破案之类的小说。从此我一直爱读书,以读书为正常生活的一部分,如同吃饭、睡觉。中学时我所在的学校有一个极好的图书馆,且借阅方便。那时我住校,读书时间多,又不像现在的中学生有那么多课外辅导班,记得儒勒·凡尔纳的书就是那时候读的。借了书,要还了才能借新书,读得就快了。大学开始,我又读了相当难读的一些经典,提高了理解能力,读得当然也更快了。

序　言

但读得快并不代表读得快乐，读完什么都忘了。记得我20世纪90年代在美国时，有一套争议相当大的小说，厚厚三本，因为大家都想读，主人就限定每天必须读完一本，再交下一个人。我白天要上课，每晚读一本，当然还要睡一会。读得相当快，但直至今天基本内容仍然记得。

泛读也做点随记。我的习惯是，读书中有重要的，或以后可能需要的内容，就加上眉批，划上线，读完一本后在扉页上写一个总结或评论。我在《上海书评》发的，就是这种总结与评论，大多十分简单，极为概括，留待以后参考。当然，公开发表的要客气一点，批评的就隐而不发了，还是以"烧香"为主，不去拆庙。自己在书上写的，有的就苛刻了一点。

泛读是精读的基础。在泛读的基础上我可以选自己喜欢的书精读。精读时，读得慢一些，边读边思考，也写点评论之类的东西。过去我写的书评有几百篇，都是精读的结果。《书海拾贝》和这本《书山寻宝》就是在精读的基础上选出来写成的。我给这两本书定的原则是，每篇文章分为相关作者与背景介绍、书中内容的概括、评论三部分。尤其是内容概括这一部分不太好写，有的书几十万字，要用两三千字概括，又要中心突出，条理清楚。有时为了写这一部分，要反复读书，但写出来仍有不满意之处。好在尽管我的血型属于A型，但绝不是完美主义者，只求差不多就行了。读者朋友读了我的介绍再读原书，肯定会发现有不少欠妥之处，请大家理解万岁，也希望给我指正，力求今后写得更好。至

 书山寻宝

于评论，完全是读书后的个人想法。对一本书，本来就是见仁见智的，我只希望这些评论不是千篇一律，而是突出我的主要看法。我选的都是自己认为的好书，批评当然不多，只是有些与作者看法不同。如对《人类简史：从动物到上帝》中关于人类转向农业社会的评论，作者认为是"大骗局"，我认为是进步。我的看法不一定对，也不一定为大多数人认可，写出来无非是启发大家思考而已。介绍一本书有许多不同的写法，我选这种写法是为了帮助大家阅读。作者与书的背景及评论都是为了帮助读者阅读时思考，更好地理解书中的内容思想。内容简介是为了让大家在时间紧的情况下，读更多书，并能从中选出自己想认真读的书，或者说，是为了欣赏这些宝贝。

这本书有几篇文章是综合性的，即把同一主题的相关几本书放在一起介绍。所以除了推荐阅读，这本书的17篇文章，共介绍了22本书。当然，同一个主题下相关的书，是在我的阅读范围内读到的，其他没读到的肯定还有。例如，介绍中国商帮的小说，以3本为中心，还提到了另外3本，但我想这类小说可能不止这几本，也许有更好的，可惜我没读到。我不会上网，无法从网上了解更多信息，这是个遗憾。不过我已年近八旬，也不想再追求完美了。我觉得，这样综合地介绍书，可以介绍更多，且可以把它们连起来读，也有利于对比。我也想，这样的写法是否太教条了，有千篇一律之感？以后我还想探讨其他写法，目的仍是帮助读者朋友选书、读书。

序　言

不同的人爱读的书不同，一本书的价值对不同的人也各异。各地经常请我去介绍如何读书，我每次推荐的书都随听众不同而不同，而且有相当大的差别。给一般读者介绍的，给企业家介绍的，给研究生介绍的，给大学生介绍的，给旅游爱好者介绍的书目都不同。这就是按需供给，或者"看人下菜碟"吧。但这两本书是为适应各类读者而选的，所以缺乏针对性。不过，我认为一个人的读书面还是要广一点，况且我所介绍的书都不是专业性特强的书。即使是专业书，也是普及型的，谁都可以读懂，也有趣。

虽然我重视出版社的名气，但选书时并不以出版社为标准，也不对各出版社的书求平衡。本书中，中信出版集团的书几乎占了一半，我写的其他书评中，中信的书也不少，不过，我绝不是中信的"书托"，它也没给我好处，甚至连书也不送我。选它的书，仅仅是因为书好。这些年中信的书受欢迎是有目共睹的，绝不是我有私心。其他社也有许多好书，不过专业性强了一些，我自己读后觉得不适合一般读者，也就没推荐。我选的书全是自作主张，没有任何出版社让我照顾一下它们。

最后还有一点补充。在《书海拾贝》中，有一篇文章是介绍用小说解读经济学的。其中介绍了马歇尔·杰文斯的经济学侦探小说三本。这次外出旅游由于疫情滞留美国时查找电子书阅读，又发现了他的另一本小说《看不见的手》（北京时代华文书局，2019年版）。这本书的案情是一个走红的画家被杀，杀他的是个收藏了他的不少作品的教授，由于财政困难而出此下策。主要

书山寻宝

内容是斯皮尔曼在一所大学讲课，内容是市场经济的优势。这本书的中心放在讲市场经济上，破案倒成了次要。不过与其他三本相比，这本书的艺术性提高了。有兴趣的朋友可以一读。写《书海拾贝》时，我并没读到这本小说，因此特在这里补上几句。

要感谢的人太多了，这里就不一一列出。希望这本书能与上一本一样，帮助读者朋友读书。因此，最要感谢的还是读者朋友。我希望能与你们交流，我会听取你们的批评与建议。

2020 年 10 月 26 日

梁小民

点评大历史

——《人类简史：从动物到上帝》

英国历史学家大卫·克里斯蒂安开创了大历史的写法。他的《时间地图：大历史，130亿年前至今》（中信出版集团，2017年），以及他和别人合著的《大历史：虚无与万物之间》（北京联合出版公司，2016年）是其代表作。他在比尔·盖茨的资助下启动了"大历史"项目，免费向中学生和普通公众讲授关于大历史的网络课程。这种新的历史写法受到全球历史学界的关注，相关的著作层出不穷。其中以色列青年历史学家尤瓦尔·赫拉利的《人类简史：从动物到上帝》（以下简称《人类简史》）在全球畅销不衰，仅中文版就销售近200万册。这本书的魅力在哪里？它有哪些独特的观点如此引人注目，又有哪些观点引起了人们激烈争论呢？读《人类简史》，就可以为这些问题找到答案。

一

根据大卫·克里斯蒂安的解释，"大历史考察的，不仅仅是人类甚或地球的过去，而是整个宇宙的过去""它始于138亿年前的大爆炸和宇宙出现。大历史吸收了宇宙学、地球和生命科

 书山寻宝

学、人类史的成果,并且把它们组合成关于宇宙以及我们在其中之位置的普遍性历史叙事"。(《大历史》序言,第1页)。根据这个解释,按我的理解,大历史的写法有两个特点。第一,整个论述极为宏观,基本不涉及国家、民族、朝代更迭、战争等具体历史事件,重在论述整个宇宙历史发展的线索;对人类活动的描述也不在于具体的活动,而在于人类活动和宇宙与地球之间的关系,以及人类活动对宇宙和地球的影响。第二,不仅仅是客观的历史记叙,更多的是对历史本身的解释与评论。写大历史的作者有自己认识世界的观点与方法,并将之贯穿于整个历史发展的叙述解释中,这就是我们常说的"以论带史"。这种写法让人们不仅可以认识历史,也可以理解历史。

与我看过的其他两本大历史著作相比,《人类简史》有两个值得注意的特点。第一,它涉及宇宙、地球、生命的起源与历史,但仍然是以人类的历史为主体。在《时间地图》的六部中,第一部是"无生命的宇宙",第二部是"地球上的生命",第三部才进入"早期人类的历史:许多世界"。在《大历史》的13章中,第4章才进入对人类的讲述。这两本书中,宇宙、地球和生命的历史都占了相当篇幅,论述颇为详细。而在《人类简史》中,宇宙与生命只有简短的两行,接着就是人类本身了。从这层意义看,《人类简史》仅仅是人类历史本身,还算不上真正的大历史。只是从它极其宏观地论述历史本身,不涉及对历史事件的具体叙述,且评论远多于叙述,故把它归入大历史一类。第二,

点评大历史
——《人类简史：从动物到上帝》

作者赫拉利在《人类简史》中提出了许多新颖、独到甚至惊世骇俗的观点。这些观点有些让人耳目一新，也有些引起激烈的争论甚至强烈的反对。一本书如果平平淡淡，引不起人们的广泛关注与兴趣，读起来也无味了。正是这些见解，无论对也好，不对也好，才引起阅读的强烈兴趣，使它成为全球持续畅销的热门书。

在介绍与评论《人类简史》之前，我想先评论一下这本书的写法。

大体上说，写历史有两种方法。一种是叙述式写法，客观地记录、再现历史，力求还原历史事件的过程甚至细节，尽量接近历史的真相。模仿经济学中的说法，这种历史记载又称为实证历史。胡适先生说的"有一份证据说一分话"就是对这种历史写法的要求。但我们说，这种写法也并不是完全真实地再现历史。由于资料缺失或原始资料作伪等无法克服的原因，我们无法再现真实的历史，只能接近历史的真相。用这种方法论述的历史著作，告诉我们接近真实的历史事件发生过程，是我们认识历史，解释历史的基础。用这种方式写历史，也是历史学家的责任。历史上留下来的各种资料，包括考古与文学资料等，都是写这种历史的基础。

另一种是评论式写法。重点不在于客观地介绍接近真相的历史，而在于对历史进行评论，从历史中得出自己的观点。由于历史研究者的立场、观点不同，他们对同样的历史可以做出截然不同的评价，也没有什么客观标准可以确定研究者的观点是对还是

 书山寻宝

错。因此,用这种方法写出的历史著作就会引起激烈的争论,而且难定胜败。同样模仿经济学的说法,可以把用这种写法写的历史著作称为规范历史。这种写法可以给我们更多的启示,提高我们对历史的认识。如果这种写法有一定的深度,形成一套系统的理论,具有哲学思维的高度,对我们研究与认识历史提供了新的思维模式或方法,则可以称为历史哲学。黑格尔的《历史哲学》和汤因比的《历史研究》就是评论式写历史的两座高峰。

当然,这两种历史的研究方法或写法并不是截然对立、水火不相容。叙述式历史要以各种原始资料为基础,但记述历史的人有自己的立场与观点,在选择、判断、考证历史资料时总会自觉或不自觉地受自己立场与观点的影响,选择有利于自己的历史资料,甚至篡改原始资料或伪造资料;对与自己立场、观点不一致的史料置若罔闻,甚至销毁。这种现象在历史上并不少见,说是"客观公正",但又有几个人能真正客观公正?"历史是胜利者书写的",这句话就是说,胜利者出于自己的需要编写历史。他们写的历史也有根有据,但都是他们精心选择或篡改过的。所以,即使是叙述历史也应该有一个正确的历史观,以真实为生命。而且,叙述式历史也不一定没有评论,作者的观点往往或明或暗地隐藏在记述的字里行间,完全客观的历史著作在现实世界中恐怕是不存在的。

评论式历史要以历史事实为基础,即以叙述式历史为基础。不熟悉叙述式历史,就难以写出好的评论式历史。离开历史事实

点评大历史
——《人类简史：从动物到上帝》

讲自己的观点，就不是历史，而是一种抽象的空洞理论，甚至是胡说八道。评论式历史的作者，应该是对叙述式历史的解释者，而不是空洞历史理论的编造者。对客观存在过的历史可以有不同的解释，得出不同的观点，只要言之有据，言之有理，就可以成一家之言。不同的历史学家对历史做出不同的解释，这就是历史学中的"百家争鸣，百花齐放"。各种不同的观点都会给我们以启发，让我们从不同层次和角度去认识历史。谁对历史解释得好，能引起读者的兴趣，谁的作品就受欢迎。

这篇介绍《人类简史》的文章，题为"点评大历史"，正是概括了这本书的两个特点，大历史和点评。"大历史"就是极其宏观地研究人类历史，"点评"就是评论式写法。学者高毅在推荐序中指出了这本书的这两个特点：赫拉利做的是"一种极宏观的世界历史研究，而且还特别热衷于从物理学、化学、生物学、人类学、生态学、政治学、文化学和心理学等学科的角度，对作为一个物种的智人乃至整个人类社会的来龙去脉，做出全方位的考察和预测"。评论式写法就在于"离开了'历史'而走向了'哲学'——而且这个'哲学'还不只是'历史哲学'，它同时也包含了很多人生的哲理。系统的史事在这里隐而不见，流出笔端的都是一些被用来说明某种历史法则、人生道理的史事片段或现象"。正是《人类简史》这种极其宏观的写法以及书中许多新颖、独特的观点，吸引了读者。这本书的魅力从何而来？我们要先了解这本书的内容。

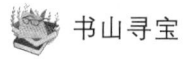 书山寻宝

二

　　《人类简史》的写法与传统人类史的写法完全不同。传统人类史总要把历史的进程分为远古、中世纪与近代，又或许是进行其他略有不同或更细分的时期划分。在按时期写时，总少不了两河流域文化、古埃及文化、古希腊文化、古罗马文化等。《人类简史》完全没用这一套。它把人类历史用三次重大的革命来概括："大约7万年前，'认知革命'让历史正式启动。大约1.2年前，'农业革命'让历史加速发展。而到了大约不过是500年前，'科学革命'可以说是让历史画下句点而另创新局。这本书的内容，讲述的就是这三大革命如何改变了人类和其他生物。"

　　第一部分是"认知革命"。现在我们所说的人，在生物学中只是人属中人种的一种，称为智人。智人曾长期与同为人属的其他人种并存，如尼安德特人、直立人等。其他人种都先后消亡了，只有智人留了下来。"智人之所以能征服世界，是因为独特的语言。"语言的产生，让智人"在距今7万到3万年前，出现了新的思维和沟通方式，这也正是所谓的认知革命"。这种认知革命就在于智人不仅可以用语言传达有关事实的信息，更重要的是"能够传达关于一些根本不存在的事物信息"。这样，"在认知革命之后，传说、神话、神以及宗教也应运而生"。这些虚构的故事出现之后，"就算是大批互不相识的人，只要同样信仰某个

点评大历史
——《人类简史：从动物到上帝》

故事，就能共同合作"。作者用虚构的标致汽车的传说说明了这一点。大批互不相识的人可以靠虚构的故事合作，改变故事就可以改变人类的合作方式。认知革命之后，智人就能依据不断变化的需求调整行为，走上了一条采用文化演化的快速道路，从而淘汰了其他人种。

第二部分"农业革命"和第三部分"人类的融合统一"是讲农业革命及其影响的。作者指出："从采集走向农业的转变，始于大约公元前9500年~公元前8500年。"作者还正确地指出，学者们曾认为农业起源于中东，再传到全球各地。实际上，农业革命同时发生于中东、中国和中美洲，到公元1世纪，全球大多数地区的绝大多数人口都从事农业。作者把农业革命称为"史上最大骗局"。这是因为，农业革命使食物总量增加，引起人口爆炸，产生一群养尊处优、娇生惯养的精英分子，农民却工作更辛苦，饮食更糟。本来人类是想通过农业革命过更好的生活，结果释放出了一股巨大的力量，改变了世界的面貌，其结果是人所没有预料到的，也是不愿看到的。农业革命是个转折点，让智人抛下了与自然紧紧相连的共生关系，大步走向贪婪，自封于这个世界。人类社会出现了不平等，形成了阶级，产生了统治阶级所需要的暴力、法律、文字、官僚体制、数字的语言等。

农业革命的后果是人类的融合统一。这时"人类社会规模变得更大、更复杂，而维系社会秩序的虚构故事也更为细致完整"。这种虚构故事就是文化。每种文化都有代表性的信仰、规

范和价值，但在不断改变。

全球融合有三种秩序，第一种是经济上的货币秩序，第二种是政治上的帝国秩序，第三种是宗教上的全球宗教。出现了复杂的商业系统之后有了货币，货币或金钱成为有史以来最普遍也是最有效的互信系统。金钱制度的两大原则是，万物可换，与由金钱做媒介，任何人都可以合作。帝国是一种政治秩序，它的特征之一是必须统治许多不同而有自己文化与领土的民族，且疆域可以调整。宗教是一种人类规范及价值观的系统，建立在超人类的秩序之上，它是一种人类统一的力量。作者认为："商业、帝国和全球性的宗教，最后终于将几乎每个智人都纳入了我们今天的全球世界。这个扩张和统一的过程并不是完全直线发展、一帆风顺。但纵观大局，可以看到从许多小文化到少数大文化，再到最后的全球单一文化，应该是人类历史无法避免的结果。"这个发展有两个重要特征，一是历史本来有许多选择，但恰恰却选择了出人意表的道路；二是历史的选择绝不是为了人类利益。在历史从一个岔口走向另一个岔口时，公元1500年左右，发生了科学革命，它改变的不只是人类的命运，更是地球上所有生命的命运。

第四部分是"科学革命"。科学革命发生在公元1500年左右。此前人类还不相信自己能在医疗、军事和经济方面有什么突破，但现在，人类发明了原子弹，登上了月球。从那时到现在的历史进程就是科学革命。科学革命的前提是承认自己无知，以观察和数学为中心，并取得新能力。科学革命极大地提高了人类的

点评大历史
——《人类简史：从动物到上帝》

能力，它提供了改变历史的工具，但也会成为结束历史的工具。科学与帝国联姻，借助帝国的力量而发展，又帮助了帝国的扩张。科学革命之所以发生在欧洲，而没有发生在长期以来远比欧洲发达的中国和印度，就在于价值观。无论是建立帝国还是推广科学，没有钱是万万不能的。钱的确有两面性，往往成也金钱，败也金钱。资本主义的信条正在于把赚的钱用于投资，再赚更多的钱。这也是市场经济的核心。借助金钱与科学的结合，现代工业革命开始了。工业革命的核心其实就是能源转换的革命。工业革命极大地提高了生产力，生产了大量产品，为了保证不断增加的产品的出路，就出现了一种新的伦理观——消费主义。这场革命是一场无尽的革命，它按人的需求改造世界，却让许多物种灭绝，甚至包括人自己。它还引起家庭和社群的崩溃，同时帝国也退位了。现代世界核末日的威胁促进了和平；和平主义大行其道，战争退散，贸易兴旺；贸易成长，就让和平利润更高，战争成本更高；国际网络日益紧密，许多国家无法全然独立，战争的机会也降低了。这四大因素形成了和平的良性循环。科学革命500年来，我们的物质财富极大增加了。但我们会快乐吗？快乐或者说幸福涉及广泛而复杂的问题，涉及化学成分、心理因素、对生命的意义和自己的认识，这个问题仍有待进一步研究。进入21世纪，受生物因素限制的自然选择法则开始被打破，由智慧设计的法则取而代之。绿色荧光兔被人造出来，这就是取代自然选择的智慧设计。让老鼠的背上长出供人移植用的耳朵，用基因工

程再现尼安德特人等科技的发展，也许会成为智人的末日。这些问题值得我们关注。

三

一本内容丰富、趣味盎然的书被压缩成内容简介，就成了干巴巴的条文，正如一朵艳丽的鲜花被做成标本就色彩芳香全无。所以，你千万不要从内容简介来认识一本书，正如不要从标本来想象鲜花一样。《人类简史》是一本内容丰富而妙趣横生的书，正如推荐序的作者高毅先生所说，一拿起就放不下，几乎是一口气读完。我和许多朋友读这本书时都有相同的感受。

就题材而论，《人类简史》应该是一本学术著作，但它的定位不是给专家学者看的，而是给普通大众，给非专家的门外汉看的。这就决定了它的内容、写法与风格有自己鲜明的特色，正是这些特色吸引了形形色色的读者。换言之，作者要写的不是一本历史的学术著作，而是一本历史的畅销书。作者本人又是一名学有成就的学者，他写的畅销书也不是"大话"或"戏说"，而是以严肃的叙述或历史为基础的，只是在思路、选材、写法上不同于严肃的学术著作。这种写法既会吸引更多的不同层次的读者，也会给人们更多角度的思考。这就形成了本书的魅力。

人类的历史进程丰富多彩，这为历史学家决定如何描述留

点评大历史
——《人类简史：从动物到上帝》

下了足够的空间。历史学家也已经形成了一套习惯的写法，如把历史分为古代、中世纪、近代来写，或者从不同地区来写，如中东、欧洲和亚洲。但本书作者对世界史采用了与传统完全不同的新写法，用三次革命来概括人类的发展。这三次革命的确抓住了人类发展的关键。特别是人类进入农业社会前的认知革命，不仅包括了更长的历史（许多世界史基本是从农业社会开始的，对以前言之不多，也没有认识到那一段历史的意义），作者还给了它新的意义——用虚构的故事来主导历史发展。对农业革命的论述，重点不在于其本身，而在于它对人类的影响，特别是负面的影响。我们过去习惯称为工业革命或产业革命的，作者称为科学革命，且从18世纪提前到16世纪。而且，仔细想来甚有道理，因为没有科学革命，就没有工业革命，前者是因，后者是果，还是把因果合为一个时期好。用三次革命来概述人类历史，抓住了纲，纲举目张，整个历史就清晰了。

本书在选材与写法上也完全与传统世界史写法不同，它不是以记述事实为基本，而是分析更深层次的实质。例如，对科学革命，不是从哥白尼、牛顿讲起，记述科学革命的成果，这些完全可以留给科学史去写，而是写科学的进步源于人类承认自己无知，并不断去探索，科学的基本内容是观察和用数学概括形成理论，科学要实用，这就有了工业革命。这种分析抓住了科学革命的实质，对我们影响深刻而又有启发。你可以对比一下历数科学革命成果与这种写法的差别。

 书山寻宝

作者在本书中还提出了许多有创意的观点。例如,传统学者把中东两河流域作为农业革命的发源地,而作者把中东、中国与中美洲作为农业革命的发源地。人类的起源是单一的非洲,但人类文明的起源是多元的。承认这一点,才能理解今天世界文化的多元化,理解中国文明是独立出现的,并非从外部而来。这一点对认识历史极为重要。再如,作者认为,石器时代应该称为木器时代,因为用木材造工具更为容易,想必远古有许多工具是木制的,无非是木器无法留下来,现在无法找到而已。我认为这个设想极有道理,从木材在古代的重要性也可以推测出来。历史还需要想象力,像这样天才闪烁的看法还是很有启发的。

还有两点特别值得注意。一是认知革命的提出。人有了语言,不仅可以交流真实的事件,而且可以交流虚构的故事。这种虚构的故事可以让互不相识但都认同这个故事的人合作,对人类的发展影响极大。人类社会好的东西,如社会安定、爱国主义、对未来向往的努力等,以及坏的东西,如社会动乱、金融诈骗等,都是与这种虚构的故事相关的。就我有限的阅读而言,看到这种观点时真是耳目一新,醍醐灌顶,明白了许多事。二是作者对不平等的看法。他说:"演化的基础是差异,而不是平等。每个人身上带的基因码都有些许不同,而且从出生以后就接受着不同的环境影响,发展出不同的特质、导致不同的生存概率。"不平等有许多原因,有先天的,也有后天的,但我认为造成不平等的一个重要原因还在于遗传基因,人的能力生来就有差别,哪能

点评大历史
——《人类简史：从动物到上帝》

实现人人平等呢？人只能在法律的权利上平等。

可以说，书中到处有天才闪光之处，到处都有令你惊讶又脑洞大开的观点。我想这一点读者可以在阅读中体会到。

这本书畅销，我想还有另外两个原因。一是作者专门为各国译本增加了有关该国的历史事实。我们读的中文版，就有许多中国的事例，这就使人读起来感到格外亲切，也有助于读者更好地理解自己的历史，或把自己的历史与人类史联系起来对比。二是中国台湾译者林俊宏先生的译文，真正达到了"信达雅"，读起来极为顺畅，读这种译本真是一种享受。有作者对不同版本的精心加工，又有这么好的译文，想不畅销都不行。

一本充满了新观点的书，当然不会每个观点都得到所有人认同，所以引起广泛而激烈的争论也是极为正常的。尤其作为一本极为畅销的书，其争论会更激烈。对作者的许多观点，我是赞同的，但也有不同意之处，主要是他对农业革命的看法，作者称其为"历史上最大骗局"。我的基本观点是，农业革命和人类社会的任何一种变革一样，是伟大的社会进步。它虽然引起许多原来没有预见到的不良影响，但其正面的影响、好的结果，还是大于负面的影响、坏的结果的。在历次社会变革中，农业革命是第一次，也是最重要的一次。没有农业革命，就没有以后的一切进步。我对作者这种看法的商榷主要在三点。

第一，狩猎采集社会，人们生活有那么幸福吗？许多学者、作家都爱美化我们无从见识的原始社会，本书作者也同样犯此毛

书山寻宝

病。可以想想远古时代，人还没有处于食物链的顶端，生存环境恶劣，生存没有保障，人能幸福到哪里去？作者书中对他们生活的描述都属于臆想，没有任何根据。尽管现在生活有许多不如意之处，但想必没人想回到狩猎采集时代，过朝不保夕的日子，我想作者本人也不会想被称为狩猎者。

第二，农业革命是必然的、不可抗拒的，就算没有最早于近1万年前出现在中东、中国、中美洲，也会略晚一点出现在其他地方。农业革命不是上帝设的骗局，而是一种历史必然。生活得更好，有更多孩子，是任何一种生物的本能，也是人的本能。但在远古条件下，生存没有保障，狩猎和采集都有随机性，劳而不获的情况肯定不少。而且随着附近的小猎物和植物的采光，人类必然要向更远方寻找，走得越来越远，也就是整体迁移。人类不就是这样一步一步走出非洲，又走向美洲和其他地方的吗？不要以为人们爱迁移，迁移是被迫的。因此，当人们发现植物可以人工种植，动物可以饲养时，他们当然会去做。不是谁骗了他们，是他们出于生存本能而这样做。农业革命是人们自发的、自愿的，没人骗他们。所以，农业革命的出现是必然的，不可抗拒的，或者说它是自然而然、水到渠成的。以后有什么结果，谁也预料不到，但当时这样做是义无反顾的，恐怕连上帝也阻止不了。一件事必然发生，当然就含有合理性，农业革命就是如此，这叫历史的车轮不可抗拒。

第三，农业革命是利大于弊的。农业革命是整个历史进一步

点评大历史
——《人类简史：从动物到上帝》

的开始。它极大地提高了生产力，改善了人类的生活，国家、城市等文明都由此产生的。它们的出现尽管也引起了许多问题，如国家对人民的压迫，城市发展引起的环保问题，但你能设想没有城市、没有国家的地方吗？更多人指责农业革命引起不平等与阶级分化，但这也是无法避免的。不平等起源于人的基因差异，即使在动物中也不是"头头平等"的。由不平等而分化出阶级，也不全是坏事，没有有钱、有闲又受过教育、有文化的剥削阶级，能有今天灿烂的人类文明吗？黑格尔说过，存在的就是合理的。我想，用这种观点看待历史上存在过的一切，就可以理解它在当时条件下存在的合理性，才能尊重历史。作者认为，农业社会中的农民辛辛苦苦地劳作，而生活尚且不如狩猎采集社会中的原始人。我想，个别情况可能有，某个倒霉的农民的确不如幸运地打到一头鹿的狩猎者，但整体而言，农民还是比狩猎者幸福的。我想，卓别林《摩登时代》中的工人，虽然不是富人，但他的生活肯定比和他同样社会阶层的祖辈强。农民与狩猎者不也是这样吗？作者写到远古时代和农业社会初期时，许多看法都属于想象，没什么根据，或者说是按他的需要去想象的。我想，马克思是一位认识社会进步的榜样，他充分揭露了资本主义的罪恶，但也客观地肯定了资本主义生产力、物质财富极大的增加，认为与封建社会相比，资本主义是人类历史的巨大进步。我们应该用马克思的态度对待一切社会的发展与进步，包括农业革命。

尽管《人类简史》引起了广泛争论，也有不严谨之处，但

 书山寻宝

它内容丰富、思维发散、观点新颖、立意独特,且趣味盎然,读起来令人受益匪浅,是一本值得一读的好书。任何人读了,都会有不同的收获,令人联想翩翩。我热情地向每一位爱书的朋友推荐。

阅读推荐

尤瓦尔·赫拉利 著,《人类简史:从动物到上帝》,中信出版集团,2014年;

此外还有本书的连环画读本,尤瓦尔·赫拉利 著,戴维·范德默伦 编,达尼埃尔·卡萨纳韦 绘,《人类简史:人类的诞生》,中信出版集团,2020年。

老调重弹也有味

——《财富与贫困：国民财富的创造和企业家精神》

有些书过一些年后会出版新版本，我把这称为老调重弹。老调重谈总要保持老的基调，否则就是另起新曲了，但也需要一些新味，听来有点新意，否则就无人再听。乔治·吉尔德的《财富与贫困：国民财富的创造和企业家精神》（以下简称《财富与贫困》）就是这样一本老调重弹的书。

一

说到乔治·吉尔德的这本书，我们必须说回到20世纪80年代红极一时的供给学派。供给学派兴起于20世纪70年代，全盛于80年代美国里根政府执政时期。

供给学派亦有其历史渊源。

经济学家中一些人是重供给即生产的，认为一个经济体的强弱取决于其本身的生产能力，这是国民财富的来源，而且生产能力决定需求。经济学的开创者亚当·斯密就是这样。法国古典经济学家萨伊的"供给创造需求"，成为这一学派的核心理论。要让供给增加，就要让企业自由竞争，因此，这一派是主张自由放

任的。

但经济中经常出现生产过剩的危机,这又如何解释呢?于是,一些经济学家把眼光转向需求,认为短期中,经济是由需求决定的。最早重视需求的是英国古典经济学家马尔萨斯和瑞士经济学家西斯蒙第,集大成者是凯恩斯。凯恩斯主义就是需求经济学。根据这一派的看法,需求不达引起危机,是资本主义市场经济调节的必然结果,因此需要国家干预。所以,认为供给重要还是需求重要也成为自由放任与国家干预的分水岭。20世纪80年代供给学派的兴盛,正适应了当时自由放任回潮的时尚。由于凯恩斯主义的政策引起70年代经济衰落,所以80年代回到自由放任成为主流。英、美等西方国家经济政策走向自由化,里根和撒切尔夫人就是代表。各个社会主义国家也开始探索市场经济改革之路。

供给学派正是在这种形势下应运而生的。不过构成供给学派的人都不是学有所成的经济学家。有的人虽然是经济学专业出身,但远没有成为"家",如供给学派的代表人物阿瑟·拉弗和艾伦·雷诺兹。其他的或者是政客,或者是新闻记者,如史蒂夫·福布斯、大卫·斯托克曼、温宁斯基,以及本书的作者乔治·吉尔德。吉尔德学的专业是文学,之后当记者,充其量是社会学家。如今,他和尼葛洛庞帝、麦克卢汉被誉为"数字时代的三大思想家",他的著作《企业之魂》《知识与权力》和《通信革命》影响甚大。

老调重弹也有味
——《财富与贫困：国民财富的创造和企业家精神》

而且，供给学派并没有一套严谨的理论体系，作为其理论基础的就是表明税率与税收关系的拉弗曲线。而这条曲线是拉弗在与一位政客吃饭时，为了解释这种关系，随手在餐桌的纸巾纸上画出来的，因此也被戏称为"餐中曲线"。他们的论述主要是政策主张，如减税、减少社会福利，以刺激生产、增加供给，以及减少政府干预，让市场机制充分发挥作用等。但是，经济学家都不承认这是个经济学流派，权威的《新帕尔格雷夫经济学大辞典》就没有收录它的词条，主编对此特别说明，尽管它红极一时，但缺乏一个理论体系，因此不能成为一个经济学学派。

但里根在竞选时对供给学派的观点极为看好，他的竞选班子的许多成员都隶属于供给学派，乔治·吉尔德就参与制定了里根的"经济复兴计划"。里根上台后，采用了减税、减少政府干预等自由放任的政策，使得美国经济复苏，这更为供给学派添彩。撒切尔夫人采用类似政策，使英国经济走出长期停滞，实现了复兴。这些使自由主义思潮又焕发了新春。

供给学派的许多观点发表在报刊的文章中，专门的著作并不多，除了本书，还有一本温宁斯基的《世界运转方式》。

《财富与贫困》初版是1981年供给学派红极一时时出版的，当时受到高度评价，被称为"美国新右派的资本主义宣言书"。供给学派主将、里根政府行政管理和预算局局长大卫·斯托克曼自购30册，送给里根的助手们。在国内，上海译文出版社在1985年曾出版此书。2012年，作者又出版了新版的《财富与贫困》。

从基本结构看,老调未变,但更新了许多内容,而且也增加了许多内容。从中文版看,原版25.9万字,新版36.8万字,这就是新味。本文按新版的内容介绍。

二

第一部分"资本主义的使命"论述的是资本主义是最适于财富创造的制度。该书认为,这套制度是人类创造力和自由的体现,是通过信仰来克服物质力量约束的经济体制,是一种不断创造的动态力量,推动企业的成本不断下降,并创造更多的财富。而这种制度的核心是企业家的存在。作者说的资本主义制度,在经济上就是自由放任的市场经济。近代思想史上,苏联解体、苏东社会主义的剧变,并没有使资本主义取得相应的胜利。左派知识分子否认资本主义;右派知识分子拥护资本主义,但也承认资产阶级伦理的衰落、资本主义文化中的矛盾及其止步不前的未来。人们认为资本主义存在道德缺位,而作为这种制度核心的企业家都是"强盗大亨"。作者正是要驳斥种种对资本主义的"曲解"。

资本主义缺乏正确的伦理观吗?作者认为,资本主义的黄金规则是"别人财星高照,自己也会跟着受益"。这是实现和平与繁荣的关键,也是人类社会实现进步的源泉之一。这就是说,

老调重弹也有味
——《财富与贫困：国民财富的创造和企业家精神》

资本主义的观念并不是贪婪与谋利的利己，而是互利的利他。这种利他的基础在于贸易，贸易具有互利性。贸易会刺激供给，从而刺激需求，促进经济增长。资本主义并非使富人更富、穷人更穷的"零和经济"。穷人的穷与资本主义制度下个人经济机遇的多寡基本上没有联系。许多贫穷的移民，如犹太人在美国成功变富，说明了这一点。仅仅关注收入分配的不平等并不能解决这一问题，福利制度只会让穷人更依赖政府补贴，让他们更穷。真正的贫穷与其说是收入状况，不如说是精神状态。关注分配是因为大多数的统计视角误读了财富与贫穷之间的相互作用。我们可以用黄金法则（"别人财星高照，自己也会跟着受益"）去治理这个社会，让它变得越来越好。

从这个黄金法则出发，资本主义始于给予。想要从商业活动中获得回报，不能依靠贪婪、欲望或自私，而要依靠一种非常近似利他主义的精神，依靠设身处地地照顾他人的需求，依靠仁慈、友好和勇敢。利他主义就是指尊重他人的需求，或者以满足他人的需求为导向，人们希望用价值更高的物品回报赠与者，这激发了人们的创造欲望。"给予"是资本主义的关键动力和道德基础。要使经济保持增长，就必须依靠数以百万计的企业家。只有他们能够理解市场需求，拥有可以自由支配的资本，并深度参与公司经营，让别人分享自己的盈利，获得新知识和投资技能。有了他们，经济才能发展。

作为供给学派的主要成员，吉尔德推出了供给学派的基本观点。他认为，在资本主义制度下，要给予他人礼物，就必须先有供给。"将欲取之，必先予之"，为了需求，必先供给。他一再强调"供给创造需求"的萨伊定理。他批驳了对需求的强调，尤其是凯恩斯主义的观点。经济学家主张的促进平等和抗击贫困的方法增加了税收，最后都会破坏生产，减少需求，因为需求来自供给。由此他强调了供给学派的核心理念——减税。

财富不是消费能力或资源储备，而是能带来未来源源不断收入的能力。所以真正的财富就是人民的斗志和创造力。对于一个经济体而言，劳动者的思想和精神面貌的重要性远远超过资本和劳动合同的重要性。在一个自由企业中，劳动的质量和投资的数量都取决于劳动者和资本家的积极进取精神。重要的资本其实是人的信心和想象力。与此相似，贫穷也不在于收入而在于精神，穷就是因为不想富，所以福利政策并不能解决贫穷问题。要摆脱贫困，只有依靠工作、家庭和信念。穷人应该信奉的原则是为了向上流动，不仅要参加工作，而且要比优于自己的阶层付出更多的努力，要维持一夫一妻制的婚姻和家庭。信念包括相信男性，相信未来，相信不断给予能够带来不断增加的回报，相信贸易对双方都是有利的，等等。

许多人认为，企业家在资本主义早期起过重要作用，但今天资本主义进入"成熟"阶段，对社会发展起作用的是大公司与政府机构联合起来，促进技术创新和经济增长，传统意义上的发明家和投资者已没有用武之地。企业家还有未来吗？作者并不认

老调重弹也有味
——《财富与贫困：国民财富的创造和企业家精神》

为政府可以代替企业，也并不认为大企业如何重要，因为它们达到巅峰之后会高度僵化，创新能力已经萎缩。他指出，只有一些有创新能力的中小企业家才具有企业家精神，他们才是在认真同贫困作战，大多数劳动岗位的提供者正是那些小型高科技企业。从长远来看，这些新兴产业的小企业必然会在市场竞争中成为赢家。这取决于政府能否给他们提供充足的发展空间，以及政客们是否理解自由人和自由财富的价值。

对未来，我们有自由、平等、和平与友好的理想，但现实是，我们的社会不可能完全消除等级制度及不同阶级之间的冲突。一个社会无法实现各个阶级的一体化，也无法实现机会均等。基于这种观点，作者指责仇富行为，并批驳各种仇富的观点。他认为，流行这些观点的地方都是贫困持续存在和扩大的地方，而且正是对这些错误观点的盲目崇信造成了贫困。

三

如果说第一部分是理论论述，那么第二部分就是政策建议。因为政策建议是以对现行政策的批评为出发点的，所以第二部分题为"政策危机"。所谓政策危机，是指现行政策的危机，作者正是在对现行政策的批判中得出新的政策建议。我们已经指出，供给学派缺乏一个完整严谨的理论体系，从第一部分的内容概述中也可以看出这一点。他们的中心是提出一些政策建议，因此第二部分更显示了供给学派的特色。

首先是对福利制度的批评。任何个人、家庭、公司或整个国家都会面临不确定性，会遇到"黑天鹅"式的风险，从而需要保险体系。保险最初是个人或公司自己的事，也可以成为一种商业行为，由保险公司按商业原则来承担风险。所以，在几乎所有资本主义国家中，最先兴起的行业都是保险业，福利模式与合作模式都是私有企业体系的组成部分，资本主义必须在敢冒风险和追求保险之间寻求微妙的平衡，这两者之间的分界线可以用保险公司常用的"道德风险"来界定。道德风险是指从事经济活动的人在最大限度地增进自身效用的同时，做出不利于他人的行动，或者说当签约的一方不完全承担风险后果时所采取的使自身效用最大化的自私行为，如买了防火险而放火。在20世纪30年代罗斯福新政中，国家建立了福利制度，承担了失业、伤残、老年贫穷、单亲孩子及其他风险，这就弱化了经济中的发明创造和企业家精神。政府福利政策引发的道德风险显而易见，"失业救助计划"加剧了失业，"抚养未成年子女家庭援助计划"刺激了一些父母离婚，等等。一些计划的道德风险超过了福利。作者认为，美国的福利制度很久之前就引发了严重的道德风险，各种福利制度的收益开始递减，并对经济活动起到了阻碍作用。70年代美国主要福利项目增加到44种，是GDP增速的2.5倍和平均工资增速的3倍。这就减少了个人储蓄，从而减少了投资。80年代后，福利体

老调重弹也有味
——《财富与贫困：国民财富的创造和企业家精神》

系扩张。然而福利制度有不可逆的特征，这就使福利制度的种种改革如"负所得税"，难以实施或只有短期的效果。当前美国的福利制度已经侵蚀了工作和家庭，导致穷人持续贫穷。

其次是对歧视的误解引起的保证平等的制度。在美国历史上，黑人曾受到歧视，这种情况近60年来已得到改善，但今天许多不同的人都认为自己是受歧视者，这就产生了平等就业机会委员会和一些旨在创造公平权利的机构。这些机构取得了成就，但它们正迅速演变成黑人进步的障碍。在一些案件中，法官否定了劳动供求决定工资的经济规律，剥夺了劳工在雇主竞相提供的工作机会中选择工作的自由。一些经济学家认为，导致黑人贫穷的是就业市场的种族主义，提出二元劳动力市场理论，即受歧视的黑人处于收入低的劳动力市场。事实上，这把就业市场的状况简单化了。由此又产生了文凭主义，而这也没带来好结果。这种文凭至上贬低了勤奋、毅力和干劲的价值，增强了福利的吸引力。政府为实现平等的全民就业又推出了一些措施，实施失业保险制度，但这又充满了道德风险，使人们失去了真正掌握知识的机会。

最后，追随拉弗主张减税。左翼经济学家主张增税和管制工资与物价，而且增税是针对富人的。但增税会降低富人创业和投资的信心，并刺激他们大肆挥霍财富。而工资与物价管制不仅无益于应对通货膨胀，还会造成负面影响，尤其是对快速增长的科技企业。拉弗曲线说明，税率超过一定限度后，增税会引起GDP

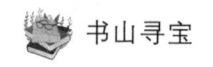

降低，政府税收减少。因此，降低税率对经济有利。20世纪80年代，里根政府的减税政策的确刺激了经济。同时减税也可以激发企业扩大生产的积极性，从而增加供给，降低物价，起到抑制通货膨胀的效果。减税要和提高政府部门与服务业的效率相结合。从长远来看，美国的根本问题不是通货膨胀，而是生产率下降。增税会使更多人从事地下经济，减少研发，从而不利于生产率提高。因此，减税才是促进美国长久增长之道。

四

供给学派在根本上是自由放任的经济学学派，一直主张减少政府对经济活动的干预，但现实是政府的干预越来越多。因此第三部分为"信仰推动的经济"，以此反对政府推动的经济。

该书认为，经济是由创新推动的。这种创新也就是熊彼得所说的"创造性破坏"。这是资本主义，也是任何一个社会前进的动力。在创造性破坏中，大公司和小公司都没有绝对优势。大公司尽管有许多优势，但缺乏勇于冒险的企业家精神和灵活性，因此数以百万计的小公司是创造性破坏的主要源泉，是颠覆性变革的发起者。这样，经济就以个人能动性为基础。政府的监管体系适用于规范的产品和行为模式。这种体系存在严重隐患，会带来不可估量的后果。而且监管体系越全面，越容易被庸才主导。这

老调重弹也有味
——《财富与贫困：国民财富的创造和企业家精神》

种监管正成为创造性破坏的敌人，它是对创新意识和企业家精神的打击，使过时或不正当的商业行为存在下去。因此要减少政府干预。

哈佛大学教授赫希曼在研究发展中国家时发现，在跌跌撞撞中取得成功的背后，存在一种难以琢磨的力量，他称之为"隐蔽之手"。这就是人类的创造力。而任何政府的计划都难以成功这个道理，同样适用于美国。为了实现增长，仅仅有开放性还不够，还要有"鲁莽的酿酒商"，即固执鲁莽的性格，有凯恩斯所说的动物精神，以及一种基本的乐观主义和冒险愿望。以国家干预和计划来抑制这种精神，不仅违背了资本主义精神，也违背了人性。从信仰中我们知道，如果自由的人类对未来充满信心，并矢志不渝地致力于实现这种未来，那么他们终将走向成功。

作者认为，物质进步是精英人士创造的，这要求他们长年累月勤奋工作，并具有牺牲、献身和冒险精神，因此他们获得高额回报是应该的。在一个充满不确定性的世界里，人们应该有信仰，因为认知是重要的，而认知来源于信仰。人们的创造性思维要求有信仰。信仰者要相信自己的直觉，相信自己思维的自发性创造，并努力探索，使之达到试验和认知的地步。创造性思维的关键规则可以概括为有信仰、有爱、开放、敢于直面矛盾与可证伪性。经济发展的关键规则是信仰、利他主义、扩大投资、充分竞争和允许破产。

左派和右派人士都认为美国在衰弱，而其根源在于债务。但

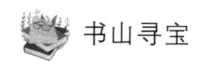

作者认为，繁荣的主要威胁不是债务，而是限制人们自由发挥创造力的经济制度。他认为，里根的真正成就在于实现了供给政策的转变，这极大地扩大了全球私人经济活动的范围，并提高了企业家的创新精神。所以，要解决美国的问题，就要为企业投资和创新营造一个良好的环境。这就回到了供给学派的基本主张：政府少干预经济。

五

从全书可以看出，作者身为供给学派的基本观点并没有改变。他在美国属于右派，所以他本人和他的著作引起广泛争议并不奇怪。他的许多观点，如否认黑人遭到歧视，肯定贫富差距的扩大，认为应当削减福利支出等，引起了许多人的反对。不过，我们读一本书不是为了批判它，而是为了从中得到有益的启示。从这一点看，这本书对我们的启示还是不少的。

第一，居于主流地位的经济学重视需求，而吉尔德把重点放在供给上。应该说，供给与需求对经济都是重要的，但不同的时期与地方，重点各有不同。当出现供给过剩的危机时，需求当然重要。凯恩斯把重点放在需求上，与20世纪30年代的大危机相关。但从长期看，一个国家经济发展的状况仍取决于供给，即生产能力。在这种意义上，吉尔德和供给学派强调供给是有意义

老调重弹也有味
——《财富与贫困：国民财富的创造和企业家精神》

的。从美国70年代的情况看，美国的问题还真不是需求，而是生产率下降等属于供给的问题。在很多时候，需求是个伪问题。不是总体需求不足，而是供给的结构与需求不匹配。供给永远是经济的核心问题，由于一时需求不足而把需求作为中心，是一种误导。当然，供给并不是一般的生产能力，在今天，它应该是以高科技和创新为中心的。

第二，对发达国家福利制度的批评是正确的。一个国家需要国家层面的保险和福利，但超过一个度，福利的副作用就大于积极作用。福利的确引起道德风险，养了一批懒人。瑞典等高福利国家的衰弱就说明了这一点。我们建立的社会保障和福利制度，应该是低标准、广覆盖的，即保证所有人的基本生活。超过这一点就是浪费了。高税收、高福利绝不应成为我们的目标。

第三，本书提出的利他主义也十分有意义。企业为赚取利润而生产，无可厚非，但如果不从消费者的立场出发，不生产别人真正需要的东西，利润目标也就无法实现。在这层意义上，利他与利己是一致的。但先要从利他的目的出发，才能实现利己。这正是作者强调利他主义的意义。只有从利他的目的生产，才不会出现需求不足，供给才有意义。

第四，肯定了少数精英在增加供给中的作用。就经济进步而言，少数精英的创新是推动社会进步的动力。没有福特，有今天的汽车业吗？没有比尔·盖茨，有今天的信息产业吗？如果没有福特、盖茨，也会有其他精英。个人的遗传基因不同，努力程度不同，所处环境不同，决定了他们在推动社会进步中的作用不同。这不是英雄史观，而是对少数人作用的肯定。当然，创新还需要众人的工作，在这层意义上，是人民创造历史，但人民要有领头人，领头人就是精英。笼统地说人民创造历史是没有意义的。当代科技迅速发展的背景下，认识到精英人士的意义，显得特别重要。

作者读了大量的书，在这本书中引用了许多学者的不同见解，也介绍了美国的现实，这对我们了解国外思想动态与现实都极有帮助，能拓展我们的视野。

阅读推荐

乔治·吉尔德 著，《财富与贫困：国民财富的创造和企业家精神》，中信出版集团，2019年。

如何应对"黑天鹅"和"灰犀牛"

——《剧变:人类社会与国家危机的转折点》

一个人或一个国家既会遇到"黑天鹅"式的小概率危机，也会遇到"灰犀牛"式的大概率危机。如何应对这些危机，是每一个人或每一个国家都必须解决的问题。戴蒙德的著作《剧变：人类社会与国家危机的转折点》，为我们提供了解决危机的思路与方法。

一

危机是一个紧要关头，一个转折点，也意味着挑战。德国哲学家尼采说："凡杀不死我的必会使我更强大。"丘吉尔也说过："永远不要浪费一次好的危机！"可见危机不仅是危险，更重要的还是机会。借危机而走向更加美好，才是面临危机时的最好态度。

如何应对危机？作者首先讲应对个人危机的思路，这就是影响危机结果的因素。作者把这些因素概括为12个。第一，直面身处危机的现实，就是要坦然承认危机，而不是回避。第二，愿意承担责任，就是不要推责给别人，有自我怜悯受害者的心态。第三，划清界限，也就是发现并界定亟待解决的问题。第四，向外界寻求物质及感情支持，不要拒绝别人的帮助。第五，借鉴他人应对危机的方法，这种学习有重要的启示。第六，自我力量。克服自己的危机还靠自己，这种自我力量首先是自信，克服无力感和恐惧感。第七，诚实地自我评估，实事求是地认识自己的长处和短处，不要欺骗自己。第八，应对过往个人危机的经验。吸取自己过去应对危机时成功的经验与失败的教训。第九，耐心。不要急于解决危机，要有耐心。第十，灵活的个性。不要一条路走到头，要坚持多方思考。第十一，核心价值观。这是一个人的信仰，是一个人自信和力量的源泉。第十二，不受约束。这就是选择了自由及不受现实问题和责任的约束。作者以自己克服在剑桥大学时学习上的危机，说明了这些原则。

国家并不是简单的个人集合，有些国家危机在个人危机中不会出现，个人危机与国家危机有不同之处。但个人应对危机机制的形成，离不开国家和民族的文化，这些文化也影响了国家应对危机的方法，因此，应对个人危机与应对国家危机仍有共同之处。

影响国家危机结果的因素有12个，其中7个和影响个人危机结果的因素有直接的对应关系。这7个因素是：第一，对国家陷入危机的举国共识。个人的危机由个人解决，而国家的共识取决于某种程度上的国民共识。第二，愿意承担责任。第三，划清界限，即国家对自身的体制和政策做出选择性变革。第四，从他国

如何应对"黑天鹅"和"灰犀牛"
——《剧变：人类社会与国家危机的转折点》

获得物质和资金方面的帮助。第五，借鉴他国应对危机的经验。第六，诚实的国家自我评估。这仍取决于国民共识，不同于个人决定。第七，应对过往国家危机的经验。

另外两个因素与影响个人危机结果之间的对应关系相对抽象，没那么直接。这就是，第八，应对国家失败的耐心。第九，不受地缘政治的约束。

最后的3个因素与影响个人危机结果的因素仅存在隐含的相似性。这包括，第十，国家认同。这是国家自豪的源泉，也是一国国民共享的价值观念。第十一，特定情况下国家的灵活性。第十二，国家核心价值观。这与国家认同有关，但并不相等。

国家危机中还有一些问题在个人危机中不会出现，即使出现，相似度也较低。这就是，第一，政治和经济制度在国家层面的关键作用。第二，国家领导者在解决危机中的角色。第三，更广泛的关于集体决策的问题。第四，国家危机是通过和平演变还是通过暴力革命走向选择性变革。第五，不同类型的国家变革是作为一个统一的项目同步展开，还是在不同时间分别展开。第六，国家危机是由一国内部因素触发，还是因其他国家带来的外部冲击而导致。第七，曾经产生冲突的各方——国内各群体之间或一国与他国之间，达成和解的问题（特别是在牵涉到战争或大规模屠杀的危机之后）。这些原则性说明会在以后的案例分析中有所体现。

书山寻宝

二

该书的重点还在于分析国家危机。在第二部分中,作者用6个国家的案例说明了以上所概括的抽象原则。

第一,1939年爆发的苏芬之战引起的芬兰国家危机。芬兰是一个小国,"二战"前还相当落后。但当1939年11月30日苏联大举进攻时,他们以12万军队对抗苏联50万大军。尽管最后失败了,但仍保持了自己的独立。之后,芬兰在国际上小心翼翼地保持在苏联与西方之间的平衡。一方面保持对苏联与以后的俄罗斯的友好,做出许多自己吃亏的让步;另一方面,又建立了与西方的友好关系,并成为欧盟成员。芬兰在国内发展制造业与出口,同时重视教育,培养高素质人才。这些政策使芬兰摆脱了苏联和俄罗斯的威胁,成为一个发达而富裕的民主国家。

在前一节分析的影响国家危机结果的12个因素中,有7个因素在这一案例中起了作用,这就是愿意承担责任,划清界限,强大的国家认同,诚实的自我评估,应对国家失败的耐心,特定情况下的灵活性,以及国家核心价值观。1个因素一开始阻碍了芬兰危机的解决,但后来起到积极作用,这就是国民对国家陷入危机的共识。芬兰缺乏的有助于化解危机的因素,是来自盟友的援助,可供借鉴的榜样,以及不受地缘政治约束的选择自由。存在于国家而不存在于个人的2个因素——领导者的力量和冲突后的

如何应对"黑天鹅"和"灰犀牛"
—— 《剧变：人类社会与国家危机的转折点》

和解，对解决芬兰危机起了积极作用。

第二，1853年美国马修·佩里将军带领四艘船进入日本，成为此前闭关锁国的日本的国家危机。在此时，日本选择了向西方妥协。但藩镇与大名之间，各藩镇之间仍在内斗，总体上仍在抵制西方。1867年，德川幕府的最后一位将军德川庆喜被迫宣布"奉还大政"，日本天皇重新掌握政权。隔年进行明治维新，向国外派遣考察团和大量留学生，他们把西方先进的技术带进日本。日本对内政外交进行了一系列改革，发展教育、工业和军事，使日本强大起来。但日本又向外侵略，在1894~1895年的甲午战争中打败了中国，1904～1905年的日俄战争中打击了俄国，走上扩张主义的侵略之路。由此引来的危机，作者在下一部分中论述。

针对该案例，在影响国家危机结果的因素中，有1个因素即借鉴他国应对危机的经验，最为突出。另有1个因素即应对过往国家危机的经验，也相当明显。另有7个因素，包括对国家陷入危机的共识，划清界限后对自身的体制和政策作出选择性变革，从他国获得物质和资金方面的帮助，诚实的国家自我评估，不受地缘政治的约束，国家认同，以及特定情况下的灵活性，对日本也很重要。最后1个因素，即国家核心价值观，既有积极作用，又有消极作用。

在存在于国家而未存在于个人因素的4个因素中，在革命与改革中，日本处于两者之间并偏于改革；日本并没有出现强有力的领导人；群体冲突与和解因素中，冲突不激烈且更努力和解；日本的改革是基于一个统一的蓝图，方向是一致的。

第三，1970年智利的阿连德当选为总统，他奉行苏联式社会主义，引起美国和其他美洲国家的担忧，也导致智利国内经济混乱。这引起1973年皮诺切特的政变上台。这就是智利的危机。皮诺切特对左翼人士进行镇压，又推动激进的自由化市场经济改革，使得智利经济好转。现在智利是南美地区经济发展最好的国家之一，但对皮诺切特的暴行仍存在争论。

从影响国家危机结果的因素看，智利的变革是选择性，且较为激烈。市场经济得到坚持，军政府让位于民选政府又展现了灵活应变能力。智利经历阿连德和皮诺切特两轮不确定和失败，换来了选择性变革的成功。这种成功要归功于智利人民的国家认同和民族自豪感。在某一阶段，智利做出了诚实且实际的自我评估，但在另一个阶段则缺乏现实主义作风。智利获得了他国的支持，也借鉴他国经验。同时，智利展现出自由行事的优势和受到约束的劣势。

智利的危机来自内部，体现了和平演变与暴力革命的对比，并出现了像皮诺切特这样的强有力领导者。

第四，印度尼西亚独立后，总统苏加诺致力于反殖民主义和国内各派合作。1965年10月1日，左翼军人发动政变失败。印度尼西亚陆军战略后备队司令苏哈托发动政变，屠杀50万共产党人和左翼人士。1967年3月，苏哈托成为代总统，一年后成为总

如何应对"黑天鹅"和 "灰犀牛"
——《剧变：人类社会与国家危机的转折点》

统，在位30年。在国际上，他与西方合作，在经济上实施市场经济。但印度尼西亚成为全球贪污最严重的国家之一，这严重拖缓了该国经济增长。不过，苏哈托政府引进外资，向市场经济转变，进行绿色革命等，仍使印尼有了重大进步。

印度尼西亚的案例确实体现了选择性变革和划清界限，但有一些因素不利于国家解决危机。这就是独立之初，国家认同水平十分有限，无法从以往成功应对危机的历史中积累自信心。苏加诺未能做到诚恳、现实的自我评估，印度尼西亚军方中的许多军官的核心价值观是献出其他人而不是自己的性命，印度尼西亚的行动受到贫困和人口增长过快的制约。印度尼西亚的优势是没有任何国家对它产生过威胁，它能借鉴他国的市场经济经验，并得到国外援助，而苏哈托则表现出了诚恳且现实的自我评估。

印度尼西亚的案例中出现了3个仅在国家危机中而不在个人危机中的因素。这就是，印尼因政治妥协的崩溃而导致政治僵局和分裂运动，展现了非比寻常的领导者的影响，以及在政治妥协崩溃后的和解阶段达成的和解极为有限——大屠杀后，军事独裁维持了33年。

第五，德国在1945～1990年经历了数轮危机，先是战后经济崩溃，人民流离失所，缺乏整个社会对法西斯罪行的认识，再是东西德分开，1968年的学生运动，直至东西德统一。在德国的危机中，最为明显的是地缘政治因素对国家主动权的约束，这一点决定了一国是否有必要根据他国的行动等待对自己有利的时机。

德国的案例还体现了自我怜悯的受害者心态，战争中，平民也深受其害。另有两个因素是相互联系的，即领导者的角色与能否进行诚实的自我评估。坏的领导威廉二世和希特勒，好的领导勃兰特及更早的俾斯麦，都对德国危机有不同性质的作用。在德国的案例中，选择性变革来自其他国家的援助、强烈的国家认同、面对挫折和最初尝试失败时的耐心、从过去的成功中孕育出的自信心，这些都起了重要作用。

第六，澳大利亚原为英国殖民地，移民以英国人为主。但它与英国的关系渐行渐远，最后在20世纪70年代自治。在移民上，也放弃"白澳政策"，实现了多元化。它所面临的问题始终关于国家认同与核心价值观。诚实的自我评估在"二战"后起到越来越重要的作用。它的变化有来自外部的，也有内部的。在变革中展示了选择性变革和划清界限。澳大利亚也不受地缘政治的约束，一直非常依赖友国的援助，是一种渐进的变革。

三

以上讨论了6个国家所经历的危机，芬兰、日本、智利、印度尼西亚的危机是突发式的，德国和澳大利亚是渐进式的。以下分析当前世界可能面临的危机。

日本经济实力强大，且有众多高素质的人口，但该国女性地

如何应对"黑天鹅"和"灰犀牛"
——《剧变：人类社会与国家危机的转折点》

位低、出生率下降、人口老龄化、资源匮乏，以及对过去的侵略战争拒不认罪，这些在未来会给它带来危机。对这种危机的乐观态度来自历史上有成功化解危机的经验，以及日本表现出的从失败和挫折中恢复的耐心及能力。此外，作为一个岛国，日本有一定的选择自由，有强烈的国家认同、民族自豪感与民族凝聚力，绝大多数贸易伙伴对其持友善或中立态度，有其他国家经验可借鉴等。但它有3个阻碍因素，即传统价值观已不合时宜，不承认对战争的责任，以及缺乏诚恳且现实的自我评估。

美国面临的问题既有包括社会和政治层面的内部问题，又有国际关系等外部问题。美国的优势首先在于经济强大，以及在各方面拥有强大的优势；地理优势，政治民主，社会流动性高，对教育、基础设施、人力资源和研发的巨大投资，以及多元化的移民。美国问题中最严重的是政治妥协的加速崩溃，而政治妥协是民主政体所拥有的基本优势之一。其原因是竞选活动成本攀升使资源更为重要，交通的方便助长了这种趋势，以及不公正的选区划分。这使政治家为顺从选民而不愿意妥协。美国在其他方面也呈现出越来越明显的极端化、偏狭和暴力趋势，从而造成社会资本衰落。

美国还有其他3个问题。第一个是美国的选举中，很多公民不参加投票或不能投票，平均投票率仅为60%。第二个是不平等与政治僵化。无论按哪种标准，美国的不平等都在加剧，再分配力度小，代际收入相关性比其他民主国家高。第三个是美国对人力资本和其他公共用途领域的投资不断减少带来的经济后果。解决美国危机的有利因素是物质与文化上的优势，尤其是地理优势使它有全球最大的选择自由，文化优势使它有强大的国家认同及灵活性。不利因素是对国家陷入危机没有达成举国共识，且不愿承担国家责任，缺乏诚实的自我评估，缺乏向他国学习的意愿。应对危机的另一个次要的因素是，美国人尚未练就承受国家层面的不确定性和失败的耐心。在应对危机的过往经验方面有利有弊。美国如果善于利用自己的优势，则前途光明，否则危机会加剧。

就整个世界来看，有4个问题威胁全球。这就是核武器的爆发式增长，全球气候变化，全球资源枯竭，以及全球各地生活水平的差异即全球不平等的问题。

解决全球问题要比解决一国问题付出更大努力。这在于与个别国家比，没有可以援助我们的星球，也没有世界经验可供我们借鉴，全人类缺乏普遍的、一致的身份认同，以及共享的核心价值观，没有面对挑战的过往经验，也没有应对失败的先例。对这些全球问题，人们尚未形成普遍共识，也缺少责任心，更没有全球范围内的自我评估，选择自由受到严重限制。要解决这些问题，应朝3条不同路径前进。第一条是国家之间的双边或多边协定，第二条是形成区域性协定，第三条是达成全球协定。全球化既带来问题，又提供了解决全球问题的途径。

在最后的结语中，作者提出了借鉴、思考与展望。对于危

如何应对"黑天鹅"和 "灰犀牛"
——《剧变：人类社会与国家危机的转折点》

机，我们应该直面身处危机的现实；愿意承担责任，不把自己塑造成受害者，不自我怜悯，不推卸责任；划清界限，进行选择性变革；需要来自他国的帮助；借鉴他国应对危机的模式；形成国家认同；进行诚实的自我评估；借鉴过往国家危机的经验；具有应对国家失败的耐心；特定情况下，国家有灵活性；形成国家核心价值观；不受地缘政治的约束。从这些国家的经验看，各国都是在有危机时才采取行动，当然，能提前预防最好，但由于惯性，预防往往有阻力。在专制体制下，领导者的作用更大，而民主制度下，个人的作用就有限了。关于这一问题的研究，作者认为应该搜集更多更具随机性的样本，并进行更严谨的分析。了解过往国家应对危机成功的经验和失败的教训，在于为现在与未来点亮一盏指路明灯。这也正是这本书的意义！

四

这本书的中心还是应对国家危机问题，作者提出的决定危机结果的12个因素，建立了分析问题的一个理论框架。我认为，这个框架对分析国家危机问题是十分有意义的，无论是分析历史问题还是现实问题，都极为有用。我想到了分析中国的历史问题。鸦片战争之后，我们中华民族并没有解决这个危机，引起我们长达100多年受外敌凌辱的历史。为什么没有解决这个危机，我想可以从这12个因素中找到原因。当然,关键还在于清政府的保守与封闭,自认为华夏文明辉煌,而洋人都是蛮夷,高估了自己的武力,也低估了洋人的实力,并一而再再而三地犯错。这使中国陷入了深渊。同样,粉碎"四人帮"后中国也面临严重危机,但邓小平正确认识到中国的落后状况,学习他国经验,找到了复兴之路。对照戴蒙德的12个因素分析,我们会对这两段最重要的中国历史转折点有深刻的认识。理论工具是用来分析实际问题的,用戴蒙德给出的理论工具,我们可以分析各种问题。这就是这个理论框架的意义,也是这本书的理论创新。尽管我们可以认为,这个理论框架不一定全面和重点突出,但它是我们沿着这个方向分析和提出新理论的一个出发点。对任何一种理论,我们不能求全,只要它有新意。

但本书并不是纯粹讲理论,更多篇幅是用理论来分析历史与现实,并借助理论进行比较研究。本书对历史的分析包括芬兰、日本、智利、印度尼西亚、德国、澳大利亚6国,对现实的分析包括日本、美国和全球。这些个案例都有代表性,而且各有自己的特点。对它们的分析使作者提出的理论具体化,更能让读者领会,并有超出理论与事实的认识。这样以理论为骨骼,以历史与现实为肉,并把两者有机地融合在一起的写法,比单纯写理论或叙事式描述历史的写法更高一筹。

这本书仍保留了戴蒙德一贯的写作风格,条理清晰,内容丰富而又生动有趣,让你一拿起就放不下。写所涉及各国的历史

如何应对"黑天鹅"和"灰犀牛"
—— 《剧变：人类社会与国家危机的转折点》

时简洁，但没有落下重要问题。而且更重要的是，戴蒙德去过许多地方，不是旅游，而是居住一段时间的工作与生活。因此，他对这些国家的情况十分熟悉，写起历史来得心应手，不是从书本到书本。书中既有历史事实，又有与朋友交流的心得，这既增加了真实感，又生动有趣，给书增加了魅力，使读者更容易阅读和接受。

戴蒙德作为社科畅销书作家比他作为生理学家的名气大得多，但他也确实是一个优秀的生理学家。一个专业学者有如此广博的知识，涉猎面如此广泛深入，当然有他的天分。我们也许达不到，但可以学习。

> **阅读推荐**
>
> 贾雷德·戴蒙德 著，《剧变：人类社会与国家危机的转折点》，中信出版集团，2019年。

从甲壳虫看德国制造业

——《甲壳虫的全球史》

甲壳虫是德国大众汽车的一款车型。德国著名学者伯恩哈德·里格尔的《甲壳虫的全球史》论述了这款汽车的兴衰。甲壳虫汽车的发展反映了战后德国制造业的辉煌。研究这款汽车的历史，我们可以了解德国制造业兴起与辉煌的成功经验。

一

先来看甲壳虫汽车成功的起步。

说来有点不好意思，提出生产廉价、方便、大众能买得起的汽车的人，是阿道夫·希特勒。尽管19世纪80年代，德国人威廉·迈巴赫（书中译为梅巴赫）、戈特利布·戴姆勒和卡尔·奔驰制造了世界上第一辆内燃机驱动的汽车，但直至20世纪20年代，德国的经济及包括汽车在内的制造业仍落后于欧洲各国和美国。当时也有人提出过生产大众汽车的设想，但并不现实。爱车的希特勒崇拜美国汽车大王亨利·福特及其T形车，上台后，他提出生产廉价、方便、几乎人人可以拥有的大众型汽车，并请意大利汽车设计大师费迪南德·保时捷设计了这种车型，1938年

2月，在柏林的车展上，这款体型小、价格便宜、适于家庭使用的甲壳虫形状的汽车亮相。但此后希特勒发动了战争，整个第三帝国时期从未生产过这款汽车。

这款汽车的生产与成功是在"二战"后。作者认为，这款汽车能幸存下来，应归功于不断变化的国际格局。这就是美国出于"冷战"的需要，帮助德国和欧洲其他国家迅速恢复经济，发展制造业。马歇尔计划正是为这一目标服务的，这就给德国大众甲壳虫汽车和其他制造业提供了复兴与发展的契机。

"二战"时，原来应生产甲壳虫车的大众汽车厂生产了军用的桶子汽车。战争期间，大众汽车厂70%的建筑物和90%以上的机器保存了下来。战后，这个地区由英军占领，英国为了维护社会安定，支持大众汽车厂恢复生产。在美、法、苏的支持下，英国政府成功地证明了大众汽车厂生产汽车的可能性。派去主管该厂的赫斯特尽力减少去纳粹化的影响，使得经验丰富的技术与管理人员可以留下来。西方盟国根据全球政治格局而定的新经济政策，使这家工厂生存下来，并成为这种政策的受益者。英方任命了有汽车厂管理经验的欧宝公司原执行官诺德霍夫领导大众汽车厂。在德国市场化改革和新马克发行后，大众汽车厂员工稳定，缺勤率大幅度下降，生产率提高。它不仅生产国内销售的车，而且生产出口型的车，这使它在汽车行业领先于竞争对手。20世纪40年代末开始，它享有了显赫的长期优势，并在随后10年里成为联邦德国无可争议的集体象征。大众甲壳虫汽车真正起步了。

从甲壳虫看德国制造业
——《甲壳虫的全球史》

二

大众甲壳虫汽车成功的标志,是它生产第100万辆时的盛大庆典活动。这也标志着德国经济快速复苏的成功。它被作为德国核心价值观的体现,即德国人正在建设新国家。大众汽车的年销量达到6位数,它成为耳熟能详的品牌,也成为最成功的产品。大众汽车由于在日常生活中的突出地位,而在联邦德国获得了稳定而广泛的主题标志性存在感。

大众汽车的成功,离不开整个德国的繁荣。德国在20世纪50年代保持了每年增长5%,60年代每年增长6.5%,出口占GDP的1/5,人民生活大大改善。这种成功既来自德国经济学家艾哈德"社会市场经济"的市场化改革,也来自"二战"后美国主持下的国际经济秩序根本性重建。美国支持的欧洲一体化及欧洲共同体的建立,也为德国进入世界开辟了道路。大众的成功离不开这种环境。

就大众汽车内部而言,它的成功与诺德霍夫的领导密不可分。他确立了公司的所有重要战略。主要有:第一,引进高度集中的公司结构。他通过提拔一批优秀的蓝领与白领工人,形成了一个强有力的各级领导班子。第二,重视生产率的提高。大众向美国学习,形成了一个基于电子控制系统和自动化的福特式大规模生产的强化版本,既保持了高度专业化和标准化分工,又显著提高了精确度，减少了手工劳动量，在制造方法上严格遵循美国模式。第三，重视劳动力的素质。诺德霍夫把熟练劳动力的比率从1953年的32%提高到1961年的37%，与此同时也加大了对半熟练工人的培训力度。第四，保持协调的劳动关系。这包括与工会进行集体谈判，让工人的工资和福利有实质性改善，工人得到多种物质利益，包括公司退休计划、人寿保险计划、支持私人住宅建设贷款和圣诞节奖金，并实行每周40小时工作制。第五，解决公司所有权问题。最初大众公司归联邦德国与下萨克森州联合共有，后来成为上市公司，国家与州占20%股份，其余的作为"人民的股份"发行给私人投资者。

大众汽车在德国国内的销售成功，基础是德国经济的发展及人民收入的增加。这种收入增加使人们对汽车的需求变为现实的需求。1962年，德国人均汽车拥有比率达1:10，接近法国和英国。购买汽车的不仅来自企业家，主要还来自公务员和白领雇员。1963年道路上1/3的车辆为大众汽车。它成功的原因之一是产品质量高，在动力、操控性和舒适性上保持最新状态，且坚固结实。大众汽车成为德国文化的国家符号。

大众汽车不仅在国内成功，而且还创造了"出口奇迹"。"二战"后汽车严重短缺，而随着经济发展，各国对汽车的需求激增。20世纪40年代《关税及贸易总协定》的签署，为战后国际贸易建立了新框架，通过谈判降低了国际商品交换的壁垒，维持了各国经济繁荣。这为大众汽车出口创造了有利条件。同时，

从甲壳虫看德国制造业
——《甲壳虫的全球史》

德国的工资水平低于西欧,更低于美国,这使大众汽车公司拥有相对适中的劳动成本,能以低于国际标准的价格提供高质量的汽车。大众汽车发展为在不同地方和区域之间流动的跨国商品之一。诺德霍夫也极为重视出口。到1963年,大众汽车的出口占其产量的55%以上,超过德国其他公司的产品。最初,大众汽车主要出口到缺少自己汽车工业或汽车工业规模小的国家,如瑞典、瑞士、荷兰、比利时、丹麦和奥地利,之后又出口到别国。这在于它迅速而廉价和便利的服务。20世纪50年代初,大众汽车就在美国大获成功,1968年出口到美国的大众汽车占其总产量的40%。恒美广告(DDB)公司的广告也使大众汽车更成功。

三

大众甲壳虫成功之后的发展并不是一帆风顺的,它有衰落,有困境,也有挣扎及复兴。

1972年,大众汽车公司遭受了数亿马克的损失,在商业舞台上摇摇欲坠。这种情况的出现与经济环境的恶化相关。在国际上,布雷顿森林体系固定汇率的崩溃严重打击了包括大众在内的出口商,1973年的石油危机又加剧了通货膨胀。在德国国内,外部冲击暴露了数年来许多公司积累的问题,触发了大量失业,制造业受到冲击,汽车工业也不例外。20世纪70年代之前,大众公司高管已认识到不能再那么依靠甲壳虫了，但70年代的全球经济衰退加剧了公司转型的复杂性。甲壳虫汽车让同时代人感到越来越过时——发动机马力不足、车内空间狭小、发动机噪声大、供暖系统臭味难闻且不稳定。其他品牌的汽车也在挑战大众汽车。大众的国内占有份额从1960年的45%下降到1968年的33%和1972年的26%。尽管开发了大众1500，但它70%的销量还依赖甲壳虫车。在对美国的出口上，美国国会通过了一系列减少排放、抑制价格上升及提高安全标准的法律，给大众汽车增加了负担。甲壳虫汽车在美国的销售占其总产量的40%，这对大众影响甚大。大众需要改变其商业运营模式。大众公司在新总裁的主持下，推出了帕萨特（Passat）、高尔夫（Golf）、波罗（Polo）等车型。公司还采取其他措施，摆脱了困境。甲壳虫结束了，但公司靠高尔夫等车又盈利了。

然而，甲壳虫车在墨西哥、巴西和埃塞俄比亚等不同国家的文化地位日益突出，这说明了大众汽车的全球商品的特征。20世纪50～60年代，拉丁美洲和非洲各国政府都把努力招引大众汽车作为发展政策的一部分。当甲壳虫汽车在西欧和北美即将消失时，延长了它的寿命的正是这些国家。作者把甲壳虫汽车在墨西哥的成功作为案例。它在墨西哥被称为沃奇托。1967～2003年，大众公司在普埃布拉的工厂从未中断过生产，它在墨西哥建厂，并与该国上层保持良好关系。尽管在这里它也遇到了许多问题，但大众公司通过培训技术工人、提高工资、改善自身形象、与工

从甲壳虫看德国制造业
——《甲壳虫的全球史》

会合作等措施,提高效率和质量,发展了起来。2003年,最后一辆沃奇托汽车下线,但这并不等于甲壳虫的结束。它又以"新甲壳虫汽车"的形式上市。

甲壳虫汽车一直保持着它的文化形象,仍为许多人所痴迷。在大众汽车结束对美国的出口后,美国人心中仍然保持着其形象。20世纪90年代,大众公司推出一款名为"新甲壳虫"的汽车,尽管在工程特性方面与原版车没有任何共同之处,但仍引起关注。在西欧、北美、德国本土都有众多甲壳虫汽车迷,他们热衷于收藏、展示这款汽车。1998年3月,新甲壳虫汽车的上市又抓住了消费者的眼球,还吸引了一批30岁以下的富裕驾驶者。大众公司的最新产品结合了历史性外形、最新的工程技术和生物的舒适性,被誉为后现代的新甲壳虫汽车,预示着大众又回到了未来。大众公司还在美国而不是德国推出复古车。大众甲壳虫汽车在退出市场几十年后,一直在西欧和北美保持着多种多样的存在形式。

2005年,当时的德国总统霍斯特·科勒呼吁将甲壳虫这种小型汽车作为一个灵感,为在过去道德基础上重新统一的德国建立一个更好的未来。这说明,大众甲壳虫汽车还被德国、美国和墨西哥等不同国家采纳为国家标志。它的影响还将存在。

四

本书讲的是德国大众甲壳虫汽车在全球的历史,但从中我们可以看出"二战"后制造业成功的历史。

德国是"二战"的发动者,也是战败者。"二战"中,德国的制造业和经济受到了毁灭性打击。但为什么它能在短短一段时间内复兴,并成为今天的制造业强国?关于这个问题的研究非常多,但我们仅仅从大众甲壳虫汽车的发展历程中,也可以看出一些原因。

第一,国际环境的有利。在全球一体化的今天,一个国家的繁荣,一个产品的成功,都离不开国际环境。从甲壳虫汽车来看,这首先由于是西方国家尤其是美国,出于"冷战"的格局考虑,对德国经济复兴的大力支持。西方国家并没有严惩战败的德国,当初英国人还保留了沃尔夫斯堡的汽车工厂,并派人支持这家汽车厂的生产恢复。这对大众汽车厂是关键的一步。此外,战后国际环境的改变也有利于德国大众甲壳虫汽车和整个制造业的发展。这种环境主要是布雷顿森林体系确定的全球固定汇率金融体制,以及关贸总协定的签署降低了税率,有利于各国贸易。这为甲壳虫汽车和德国其他制造业产品出口创造了条件。由此看来,一个国家经济的发展要采用与国际合作而不是对抗之路。

第二,国内环境是艾哈德的市场经济改革。第三帝国时代,

从甲壳虫看德国制造业
——《甲壳虫的全球史》

德国是政府控制一切的管制经济。战后先后出任经济部部长和总理的艾哈德进行了市场经济改革。这种改革的内容很多，但主要是两点。一是进行货币改革，用新马克代替旧的帝国马克，彻底消除了第三帝国时的恶性通货膨胀，实现了物价稳定。二是全面取消第三帝国时的各种政府管制措施，尤其是放开价格，给企业以自主经营的权力，恢复了经济的活力。大众甲壳虫汽车从这种改革中受益，才有了以后的发展。当然，这不仅是甲壳虫成功的基础，也是德国制造业和整个经济或者说德国"经济奇迹"的基础。市场经济是经济成功的基础，"二战"后的成功国家都通过不同方式走上了市场经济之路。

第三，德国有强大的制造业基础，这包括设备、技术与人才。战争破坏了有形的建筑与设备，但无法摧毁无形的技术与人才。设备可以制造或购买，甚至可以借机更新水平更高的，但技术与人才则在短期内难以更新。大众汽车厂在"二战"时生产的桶子军用车质量相当可靠，这就成为以后生产大众甲壳虫汽车的技术基础。该厂战后又起用了有丰富管理经验的管理人才与熟练技术工人。特别要指出，德国一向重视熟练工人的教育与培训，这为德国的制造业提供了宝贵的熟练工人。据统计，德国的熟练工人占劳动力的70%以上，这是德国制造业成功的基础。

第四，打造能代表国家文化的品牌，这对制造业的成功至关重要。大众甲壳虫汽车正是这样的品牌。德国制造业中，这类品牌还有不少，比如汽车中的奔驰、宝马，甚至厨房用具中的双

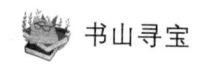

立人。有了这样的品牌，即使原来的产品过时了，也可以进行创新。保时捷设计的大众甲壳虫2003年就退出了市场，但品牌魅力不减，因此大众仍可推出新款甲壳虫。尽管新款甲壳虫已与以前的甲壳虫完全不同了，但仍可借甲壳虫之品牌，受到人民欢迎并畅销。产品不断更新而品牌不变，这就是品牌的魅力。

第五，任何产品都是质量至关重要。甲壳虫汽车受到广泛欢迎还是源于质量好。大众汽车厂一直把质量放在首位，正是它成功的基础。在国际上，德国制造业产品正是以质量高而畅销世界的。甲壳虫汽车对质量的重视，正反映了德国整个制造业的这一特点。

第六，要不断创新，产品和品牌才有生命。从甲壳虫汽车来看，这种创新包括两方面。一方面是适应消费者需求的发展变化，创造出适合不同时代的消费者需求的产品。1998年推出的新甲壳虫车正体现了这一点。另一方面是适合不同国家、不同地区消费者的需求进行创新。大众甲壳虫汽车在美国、墨西哥、巴西等地的成功，正是这种创新的结果。不同国家有不同的历史与国情，也就有不同的需求。把自己国家成功的产品推出去时，必须适应不同国家的需求进行改变，这种改变就是创新。这种创新的路径之一就是在当地投资建厂，甲壳虫在美国、墨西哥都有工厂，生产适于该国的产品。

第七，企业内部的管理与文化。一个国家成功的基础是企业，德国成功的制造业也建立在大众汽车公司这样的企业之上。

从甲壳虫看德国制造业
——《甲壳虫的全球史》

在甲壳虫汽车成功的经验中,我注意到大众汽车公司重视员工利益以及与工会建立一种协调合作的关系。在德国企业中,这种劳资合作是一个传统。德国企业当然有严格的管理制度和其他不同的企业文化,但从甲壳虫汽车的成功中,我认为劳资合作、不对抗的文化特别值得我们重视。

当然,大众甲壳虫的成功使我们还认识到更多德国制造业成功的经验。不同读者会有自己的认识,这就见仁见智了。

最后,我对这本书的翻译有一点小建议:专有名词与人名等还要用约定俗成的为好。我提出3点:第一,德国汽车开创者Wilhelm Maybach,通译为威廉·迈巴赫,而不是梅巴赫。迈巴赫现在是一款顶级车的品牌,与劳斯莱斯、宾利齐名,由德国奔驰厂生产。它的另一款车则是众所周知的戴姆勒—奔驰,取自另外两个开创者的名字。二是Ludwig Erhard应译为路德维希·艾哈德。这是标准的译法。他曾任德国经济部长和总理,被称为德国经济奇迹的创造者,在国内也极有名,不能译为"埃尔哈德"。三是帕萨特(Passat)、高尔夫(Golf)以后,Polo也应音译,不必意译为"马球",这与前两个同样品牌的译法不同。而且这三种车现在在国内都很畅销,一般人都用音译来称呼它们。我估计,这本书原为德文,或为德语作家用英语写就。总之这种书是最不好译的。

书山寻宝

阅读推荐

伯恩哈德·里格尔 著,《甲壳虫的全球史》,东方出版中心,2019年。

叶利钦时代的经济改革

——《寡头：新俄罗斯的财富与权力》

苏联曾经是世界上最强大的国家之一，它的改革也是最彻底的，彻底摧毁了斯大林模式，向以私有化为中心的市场化转型。但在这种改革后20多年，当我去俄罗斯时，却有点失望。尽管有石油、天然气的支撑，加之地广人稀，城市看起来尚且繁荣，但工业生产能力显然今不如昔。过去的伏尔加、日古利、莫斯科人等汽车不见了，满街都是国外品牌的车。商店里的制成品，连小小的玩具都是进口的。昔日苏联强大的制造业哪里去了？

　　在回来的飞机上，我反复思考一个问题：摧毁一个旧制度，并不等于建立了一个良好的新制度，破旧并不等于立新。破一种旧制度是容易的，但建立一种新制度十分艰难。改革的根本目的不在于破，而在于立。这就是说，改革要实现制度转型，为发展经济提供一个良好的制度。这种新制度不能照搬别国成功的模式，而要适合自己具体的国情。俄罗斯在20多年中付出了通胀、群众贫困化、经济衰退等代价，却没有换来一个强大的国家。俄罗斯肯定是在建立新制度中出了问题，问题在哪里呢？读了美国《华盛顿邮报》记者、普利策奖获得者戴维·霍夫曼的《寡头：新俄罗斯的财富与权力》，我对这个问题有了更多的认识。

一

霍夫曼研究的是叶利钦时代的改革。他在2011年的新版序言《寡头：10年之后》中指出："但是叶利钦和他领导的团队并没有完成他们所开启的旅程。他们热心于摧毁旧体制，但轮到创建俄国急需的新体制时，却踌躇不前。叶利钦本能地理解自由，但是他并不了解创建公民社会的重要性。而公民社会却是统治者与被统治者之间极其重要的联系网。更糟的是，叶利钦没能建立起法治来规制他所释放的自由。结果是一个扭曲的资本主义，一些骗子成了亿万富翁和国家的主宰。这就是寡头时代，他们的故事是这本书的核心。"这就是说，叶利钦没有建立一个良好的市场经济制度，而是建立了一个"罪恶的资本主义"或"权贵资本主义"。在这种制度下，受益的并不是国家与人民，而是靠私有化成长起来的寡头。这本书要讲的就是，在这种罪恶的资本主义下，一代寡头如何崛起，又如何获得财富与权力，成为那一时期改革失败的根源。

本书共分两部分。第一部分讲这种罪恶资本主义的推手及所形成的寡头。这些人是，亚历山大·斯莫伦斯基、尤里·卢日科夫、阿纳托利·丘拜斯、米哈伊尔·霍多尔科夫斯基、鲍里斯·别列佐夫斯基和弗拉基米尔·古辛斯基。这6个人中，卢日科夫是当时的莫斯科市长，丘拜斯是政府主管改革的副总理，其

叶利钦时代的经济改革
——《寡头：新俄罗斯的财富与权力》

他4位是在这一时期形成的寡头。作者指出，"这6个人协助带领俄罗斯经历了迄今所能设想的最宏大和最艰辛的实验，即将一个社会主义制度的大国，改造为一个实行自由市场经济的资本主义国家""正是这6个人成了新俄罗斯的领导者，新秩序的缔造者与倡导者。截至20世纪90年代末，他们享有了巨大的政治力量或相当的财富实力，抑或兼而有之。故事各有不同，但贯穿其中的主线大体相似：积累财富再失去财富，从俄罗斯工业皇冠上摘取珠宝，掌管私人武装，在选举中拥立王者，统治全国及其财政要塞莫斯科。他们收购俄罗斯的大众传媒，尤以电视为最；他们不仅攫取工厂，也包括国有资产，如预算、执法系统和克里姆林宫的领导权。在俄罗斯资本主义的起步阶段，他们具有绝对的主导地位，秘而不宣，精于伪装，有时残忍无情。"他们起始于1985年戈尔巴乔夫的"改革与新思维"运动，终结于1999年12月31日叶利钦宣布解职。第一部分讲他们的崛起。

到20世纪80年代时，苏联"经济已经停止增长，酗酒、偷盗和漠不关心的劳工比比皆是，工厂和企业连连亏损，价格随意制定，且与现实脱节"。像奈舒尔这样的学者认识到，计划经济的乌托邦实验已经寿终正寝，"恰恰是短缺经济、灰色经济、中央计划体制的混乱和利己心产生的驱动力，在俄罗斯催生出全新的资本主义以及寡头现象"。戈尔巴乔夫上台后，"改革与新思维"运动开始了混乱的改革。

亚历山大·斯莫伦斯基作为受歧视的犹太人子弟，从盗印

《圣经》开始了他的原始积累,之后又进入建筑业。戈尔巴乔夫的经济改革不成功,反而催生了灰色经济。为了解决短缺问题,苏联允许公民从事个体劳动,并允许成立类似私人企业的合作社。《合作社法》允许以合作社的形式组建金融或信用企业,即银行。"正是利用正在解体的社会主义制度上这一道小小的裂口,斯莫伦斯基能够大发横财"。合作社没有任何规则,只是把已经存在的灰色经济合法化、公开化。斯莫伦斯基奉市委官员的命令成立了名为"莫斯科3号"的合作社,从事农村地区修建别墅和度假屋,通过找关系、窃取、行贿和讨价还价找建筑材料,生意一派繁荣。1988年他注销了"莫斯科3号",开办了首都银行。这家银行与持有不义之财的人合作,并在卢布对美元汇率暴跌时通过豪赌补录美元每日汇率获得了巨额利润。他向贸易或石油天然气公司这类冒险性行业放贷,也与帮派和黑钱有来往。到1992年,首都银行收入达61亿卢布,盈利24亿卢布。缺乏立法使他们胆大妄为,而这样的人在转型的混乱之际成功了。

  尤里·卢日科夫最早是一家混乱的蔬菜仓库的经理。叶利钦担任莫斯科市委书记后要求卢日科夫改变仓库现状。卢日科夫又当选莫斯科市苏维埃执行委员会第一副主席,成为合作社试验的监护人,也成为资本主义的实际创始人之一。在蔬菜市场,他用物质刺激解决了蔬菜腐烂、职工偷盗的问题。戈尔巴乔夫的改革引起了混乱与不满,激进的民主主义者、莫斯科大学经济系主任波波夫出任莫斯科市长。叶利钦短暂失意后又出任俄罗斯最高苏

叶利钦时代的经济改革
——《寡头：新俄罗斯的财富与权力》

维埃主席。应叶利钦的要求，波波夫选中卢日科夫负责莫斯科的管理工作，担任副市长。在1991年短暂的政变中，卢日科夫坚决支持叶利钦。政变失败，苏联解体后，波波夫辞职，卢日科夫出任莫斯科市长。他在改革中的重要作用由此开始。

阿纳托利·丘拜斯是一名爱读书的青年学者，曾任列宁格勒工程经济学院教授。他的父亲对苏联制度的信仰坚不可摧，他的哥哥则有反苏倾向。最初，丘拜斯相信社会主义制度能够得到完善，但后来他对这种正统思想产生了怀疑。在与朋友的交流中，他认识到要给苏联的社会主义制度中引入市场因素。他深受科尔奈《短缺经济学》和哈耶克《知识在社会中的应用》的影响。他到莫斯科与另一位改革者盖达尔等讨论，并到匈牙利学习10个月，到美国访问。他认为苏联的体制已走到头了。1991年，丘拜斯受盖达尔邀请到莫斯科参与叶利钦主导的经济改革，以后在俄罗斯改革中起了重要作用的丘拜斯就这样走上舞台。

米哈伊尔·霍多尔科夫斯基原来是所在学校的团委副书记。当时苏联领导想在共青团中进行资本主义试验，霍多尔科夫斯基抓住了这个机会，利用他广泛的社会关系，成为首批商业巨子。霍多尔科夫斯基以科研为名获得高温研究所的17万卢布，又利用自己的账户把企业只能用于转账的非现金变为现金，甚至兑换为外汇，建立了自己的"青年科技创新中心"，而且受到上层关系的保护。他又把这个中心改为合作社，从事从国外倒卖电脑的生意，以后又建立为这一业务提供贷款的梅纳捷普银行，并发行股票。霍多尔科夫斯基又担任叶利钦政府的总理西拉耶夫的顾问，获得更多资金，用国家的钱赚钱，成为银行巨子。

鲍里斯·别列佐夫斯基原来是苏联科学院控制问题研究所的年轻研究员，有自己的关系网，他的致富从汽车开始。他为苏联最大的工业企业之一瓦兹汽车厂从事研究工作，并与该厂经理拉上了关系。他为意大利商人当中间人，组建了意大利格罗瓦兹公司，与瓦兹汽车厂合作，为公司打造他的汽车帝国。他们倒卖菲亚特汽车，又成为瓦兹汽车的经销商，通过加价赚钱。别列佐夫斯基成为该厂生产的日古利汽车的最大经销商。

弗拉基米尔·古辛斯基学的是戏剧导演，但他是犹太人，又得罪了莫斯科党委领导，因此被排斥。于是他用自己的车冒充出租车，在机场接送客人赚钱。偶然的机会使他开始偷窃变压机用的铜电缆做铜手镯，后又成立合作社靠卖铜手镯赚到了第一桶金。他与中央文化局副局长甚至克格勃的几名官员都有良好关系，最重要的靠山是卢日科夫。他又开了一家为西方投资者服务的合作社，与外国人建立了关系。之后，卢日科夫为他提供免费的旧房屋，他出售后返还市政府一半或2/3的钱。古辛斯基用赚来的钱办了莫斯特集团银行，网罗了全莫斯科主要的账户。他又创办了《今日报》，建立了名为NTV的新电视台。古辛斯基不仅是银行家，大商人，还控制了影响舆论的报纸与电视台。

在戈尔巴乔夫上台后，这些主宰叶利钦时代改革的官员和寡头们就这样出现了。他们在之后如何左右俄罗斯的改革呢？这是

叶利钦时代的经济改革
——《寡头：新俄罗斯的财富与权力》

本书第二部分的内容。

二

1991年，苏联解体，叶利钦完成了摧毁旧制度的任务。为了完成建立新制度的工作，他成立了以盖达尔和丘拜斯为主的班子。建立竞争的资本主义制度是总目标，但如何实现呢？盖达尔和丘拜斯原来的想法都是渐进的，放弃了戈尔巴乔夫时代"500天全面私有化"的企图。但现实的经济混乱使得要采用渐进的方法也并不现实，因此，不管他们主观上如何想，实际上用的还是激进式的方式。盖达尔和丘拜斯的激进式改革的中心是国有企业的私有化与价格放开。但价格放开并没有及时增加供给，仅仅造成严重的通货膨胀，从而又引起经济衰退，人民生活陷入极大痛苦。迅速而全面的私有化在毫无相关法律的环境下，又形成了某些人鲸吞国有资产、急速致富的机会，使已有的寡头财富与权力集中。结果形成的就不是正常的市场经济，而是罪恶的资本主义或权贵资本主义。在这种形势下，已有的寡头和政客们又如何行事，如何勾结，对这个罪恶资本主义的形成又起了什么至关重要的作用呢？这正是第二部分分析的中心。

俄罗斯在私有化过程中模仿捷克，把国有资产用股票的形式给予国民。丘拜斯的团队把全国的资产以1.48亿份支票和凭单的形式进行分割，这些支票和凭单可以在拍卖公司财产时进行交易，被称为"私有化支票"。群众对这类支票或股票并不了解，而且还在广告宣传之下，抱有通过购买各种股票和债务大发横财的希望。于是，已经形成的寡头和其他有权势的人就利用这种交易，像人们共知的庞氏骗局那样欺骗民众，大发其财。这是一个"轻松赚钱"的时代。不过赚到钱的不是民众，而是少数寡头，而受到损失的正是民众。这种以民众受害、受损失为结果，轻松赚到钱的人，正是寡头及国外投机者。如别列佐夫斯基的全俄罗斯汽车联盟（AVVA）发行的证券，名为股票，实为债券，集资5000万美元，马夫罗季的MMM公司实际上发行的几百万股名为股票实为债券的证券。这种金字塔骗局交易甚至出现在财政部的咖啡厅里。MMM证券一直以10万卢布以上的价格交易，但最终跌至1000卢布以下。赚钱的还有其他人，如梅尔尼琴科倒卖外汇，他与另两个伙伴甚至一天经手10万美元，并建立了名为联合货币所的货币交易所。"斯莫伦斯基、霍尔多科夫斯基、古辛斯基和别列佐夫斯基都是在90年代初通过'特许'银行得到资本的。在卢日科夫支持下，古辛斯基支配莫斯科政府账号好几年。斯莫伦斯基除了其他账号外，还维护着克里姆林宫行政账号。别列佐夫斯基也使用同样的策略从国家航线俄罗斯国家航空公司积累现金。"美国人维克托·华科也通过卢布与美元的兑换大赚了一笔。总之，形形色色的人从私有化及混乱中大赚其钱，且出现了严重的行贿、腐败现象，而广大民众连工资也领不到。

叶利钦时代的经济改革
——《寡头：新俄罗斯的财富与权力》

在这种经济混乱与痛苦中，俄罗斯会建立什么样的市场经济呢？丘拜斯等人是想通过全面私有化来建立一个西方式的市场经济的，但莫斯科市长卢日科夫想建立的是一个国家资本主义，即权力与财富结合的市场经济。而且，他的这一想法得到了叶利钦的支持。早在1992年他担任莫斯科市长后，就靠企业捐助重建了被斯大林炸毁的莫斯科救世主大教堂。之后，他又靠这一模式解决了莫斯科的许多实际问题，如清理垃圾、盖房子、改善交通环境等。改革初期，暴富的寡头们获得了更多财富，莫斯科成为一个贫富严重分化的城市。少数人发财而广大民众贫困，官员受贿、腐败情况极为严重。这种模式下，是由卢日科夫决定谁获益，他也试图消除人民的不满，但无法办到。莫斯科的市场经济极为混乱，甚至商业纠纷也用暗杀解决。这恐怕是最糟的资本主义。

雀山是莫斯科一处风景优美的地方，卢日科夫级别最高的支持者瓦西里·沙克诺夫斯基发起成立了雀山俱乐部，成员包括当时最有权势的人——霍多尔科夫斯基斯、莫伦斯基、别列佐夫斯基，以及维诺格拉多夫、波塔宁、弗里德曼等人。这个俱乐部企图实现公共利益，为自己建立良好的公共关系。卢日科夫想控制他们，但没有实现。他们形成了有一定能力的独立群体，并争取到了叶利钦的支持。别列佐夫斯基不仅是汽车经营商，而且控制了电视台第一频道，并进入了"总统俱乐部"。另一位大亨古辛斯基则控制了NTV，他们对之后俄罗斯的改革有重要的影响。

在俄罗斯，丘拜斯推行全面私有化。在这一过程中，财富拥抱权力，寡头们控制了俄罗斯的经济与改革进程。霍多尔科夫斯基通过"卢布—美元"投机和政府发行的高利息短期国债券大获其利，又进入政府担任燃料能源部部长的顾问，控制了石油产业。波塔宁原在外贸部任职，他成立自己的外贸企业环俄公司，并开办了联合进出口银行，还通过货款换股份计划获得了对镍及其他金属的控制。全面私有化使他们获得了股份，他们也在政治上支持叶利钦。

1996年的大选中，叶利钦面临共产党领袖久加诺夫的挑战。开始时叶利钦处于不利状况，且他又多病，但寡头们认为只有叶利钦连任才符合他们的利益。由古辛斯基等7人组成的"七人帮"决定拯救叶利钦，他们建立了名为"私有财产保护中心"的基金会。寡头们捐款，权力与财富水乳交融，通过广泛的广告宣传，终于使叶利钦获胜。

叶利钦上台之后，任命丘拜斯和另一个改革派涅姆佐夫为副总理。他们想打破寡头资本主义，但实际上这很困难。随着外国资本的进入，寡头之间的竞争加剧，这体现在古辛斯基与波塔宁对俄罗斯电视行业的竞争。丘拜斯不允许他们进行内幕交易，一定要公开拍卖，结果波塔宁获胜。丘拜斯和涅姆佐夫开始攻击控制俄罗斯经济一半的七大寡头，过去的雀山俱乐部解体了。由于寡头们不满丘拜斯等人的做法，"大亨俱乐部和改革家们的关系开始土崩瓦解，寡头和改革家开始了互相斗争，这就是所谓的银

叶利钦时代的经济改革
——《寡头：新俄罗斯的财富与权力》

行家之战。俱乐部的倒塌使俄罗斯的政治和经济上的精英们处于瘫痪状态"。

寡头之间的争斗形成了一个"新的俄罗斯'董事会'，他们开始划分势力范围：古辛斯基是媒体大亨，斯莫伦斯基是银行大王，霍多尔科夫斯基作为石油大王，而别列佐夫斯基是永远在一旁关注他们的指导者"。他们不仅掌控俄罗斯经济，而且操控俄罗斯政治。别列佐夫斯基和丘拜斯对抗，他们企图决定下一任俄罗斯总统，以便使俄罗斯保持有利于他们的政治体制。"寡头们正在像一个'董事会'一样暗中操纵着克里姆林宫"。在他们的主导下，总理切尔诺梅尔金被撤，但换上的是他们并不满意的基里延科。俄罗斯经济情况并不乐观，农村发展停滞，工业亏损严重，这时又爆发了债务危机以及随后的卢布贬值。尽管丘拜斯从国际货币基金组织那里申请了总计226亿美元的紧急援助，但并没有解决问题，基里延科也下台了。

由于俄罗斯经济发展艰难，人们对切尔诺梅尔金、叶利钦、基里延科以及寡头、银行家、金融家、国会改革者和中央银行都不买账。普京上台后，就开始对寡头们进行攻击。他不光对古辛斯基开刀，卢日科夫想竞选总统也遭遇失败，普京又与支持他在2000年当总统的别列佐夫斯基分手，俄罗斯的寡头时代结束了。别列佐夫斯基自杀身亡，丘拜斯远离政治，古辛斯基移居美国，卢日科夫出走他乡，霍多尔科夫斯基服刑10年后出国，斯莫伦斯基下落无人知晓，促成寡头形成的丘拜斯和卢日科夫，以及他们催成的寡头们都随风而去。俄罗斯在普京的领导下开始了一个新时代，这就是另一段历史了。

三

这本书的作者戴维·霍夫曼以记者的写作风格，全面、详细而生动有趣地介绍了1991～2000年俄罗斯改革的历程，记述了改革者丘拜斯和卢日科夫主导的改革，如何使别列佐夫斯基、古辛斯基、霍多尔科夫斯基、斯莫伦斯基等寡头形成，并左右了俄罗斯改革。总体上看，这一时期的改革并不成功，一小部分人富起来了，但整个社会并没有达成共同富裕，俄罗斯经济没有崛起。人民付出了经济衰退、通胀加剧的代价，但一无所得，甚至比改革前还痛苦。那么这一段失败的改革告诉我们什么呢？

第一，摧毁旧制度容易，但建立新制度难上加难。这使我想到一个问题：革命是不是使社会更好的方法？应该说，革命是旧制度各种矛盾尖锐的结果。从这层意义上说，革命是历史的必然。就俄罗斯来看，斯大林的社会主义模式已经走到了尽头，不仅政治上变为对人民的专政，而且计划经济下效率低下，经济衰退，物质极其缺乏。这种制度已经完全走向反动。但传统的意识形态和政治体制又阻碍了改革。在这种形势下，摧毁旧制度的革命已成为历史的必然。这是俄罗斯当时的形势决定的。但旧制度

叶利钦时代的经济改革
——《寡头：新俄罗斯的财富与权力》

的摧毁并不等于就产生了新制度。叶利钦及他信任的盖达尔、丘拜斯、卢日科夫等人都没有完成建立新制度的任务。比起摧毁旧制度，新制度的建立不知要难多少倍。也正是在这层意义上，在保留旧制度的情况下逐渐形成新制度，即改革，是一种用新制度取代旧制度更好的方法。中国用改革使国力增强，人民享受到实在的利益，正是证明。

第二，对于一个大国来说，改革应该是渐进式的。对于捷克、波兰这样的小国而言，也许激进式改革是成功的，尤其捷克本来就有深厚的资本主义基础。在这些国家，长痛不如短痛的做法是适用的。但改革没有普遍适用的模式。对现实极为复杂、旧体制根深蒂固、传统意识很难在一夜间消失的大国而言，演进式改革更为适宜。市场经济不可能一蹴而就。西方的资本主义建立也经历了几百年的过程，是逐渐形成的。企图在很短的时间内走完这个过程，无疑是一个灾难性的乌托邦。俄罗斯改革中的"500天实现市场经济"，短期的"全面私有化"，一夜之间放开价格，都是灾难性的激进做法。没有法治的私有化，没有供给增加的放开价格，其结果都是灾难性的。一些人利用这个机会极为迅速地致富，而广大人民一夜之间陷入灾难，就是例证。市场经济也不是一"私"就灵，或者说私有化并非灵丹妙药。我国从承包制开始到允许私人企业建立，到更全面的产权改革，价格逐渐放开，是一条正确的渐进之路。

第三，市场化改革要以立法为基础。市场化改革当然涉及私有化，或者说明晰产权。但在没有完善立法的情况下，私有化就会变成一些有权有势的人把国有资产化公为私的机会。例如拍卖国有资产，如果没有法治下的公开与透明，那么名为拍卖，实为少数人低价获得国有资产。各个原计划经济的国家在拍卖国有资产的过程中，都出现过这个问题，无非严重程度不同而已。一般来说，在市场经济开始时，法治总是不完善的。没有基本的法律与程序，私有化就不会有好结果。而且，私有化是一个非常复杂的过程，从国有资产的估价到拍卖程序，如果没有基本的规范，肯定不会成功。俄罗斯那些寡头并不是为社会创造财富而致富的，而是靠巧取豪夺国有资产而致富的。因此，全面快速地私有化是不行的，一定要先试点，总结经验，完善法规与程序后，才能全面实施。过去我也是主张私有化的，但读的书越多，越感到私有化的危险。而且明晰产权并非只有私有化一条路。所以，如何实现市场经济的前提——产权明晰，仍然是一个在理论和实践上要探讨的问题。

第四，市场化过程中需要政府主导，但一定不能走国家资本主义之路。在西方，市场经济基本是自发形成的，但如果原有的基础是计划经济或其他由国家控制的经济体系，市场经济的形成很难是自发的。智利市场经济的成功，正在于皮诺切特政府的强权。经济的放开，市场机制的形成，国有资产的私有化，都要在政府的控制下进行。市场经济的成功，要求一个强权政府。没有这样的政府，经济秩序就会混乱，法治不存在，也就谈不上市场

叶利钦时代的经济改革
——《寡头：新俄罗斯的财富与权力》

经济了。但由政府主导改革时，绝不能建成国家资本主义，即像俄罗斯的莫斯科建立卢日科夫模式那样。国家资本主义最后仍然是权贵获益，绝不是真正的市场经济。政府主导是为了让市场化过程有序、有法律，社会在大体安定的情况下实现市场经济，绝不是一切仍然由国家主导。政府要懂得放权，市场的归市场，政府的归政府，绝不是把计划经济变为国家资本主义。世界上还没有成功的国家资本主义，至多是国强了但民并不富，行贿、腐败现象横行。当然，最终建成的市场经济，各国也不相同。有些市场经济，国家干预会更多一点，如东亚国家；有些市场经济，国家干预会少一些，如欧美国家。但无论哪一种市场经济，市场调节都是基本的，或者是决定性的。这完全不同于国家资本主义。卢日科夫的国家资本主义模式是改革必须避免的。

市场化改革是一个极其复杂的过程，但主导俄罗斯改革的人，无论叶利钦也好，他信任的盖达尔、丘拜斯也好，还是其他人，既缺乏理论准备，又缺乏实践经验，这就导致了苏联解体后20年来改革的失败。对比起来，我们的改革尽管也出现过一些问题，但大体上是正确的，这才有了今天中国的崛起。反思俄罗斯改革的历史，对照我们改革的过程，我们更会珍惜我们改革的成功经验。读这本书看俄罗斯，联想中国，的确感悟甚多。想必你读完这本书以后会比我有更多的感悟。

书山寻宝

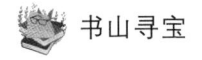

阅读推荐

戴维·霍夫曼 著,《寡头:新俄罗斯的财富与权力》,上海译文出版社,2017年。

如何应对水危机

——《创水记：以色列的治水之道》

记得读一位以色列学者的书时，他写道，在他叔叔的一本书中发现了一张水票。对这类票证，我们这一代中国人再熟悉不过了。在计划经济物质短缺的时代，许多东西在购买时不仅要钱，还要票证，比如买粮要粮票，买布要布票。但当时中国买水并不用水票。以色列买水还要水票，可见水也是当地的短缺物资。

其实全世界都缺水。2014年，美国的智库、美国国家情报委员会发表了一份报告，指出世界将要发生一场旷日持久的水危机。不仅发展中国家缺水，连美国这样的发达国家也缺水。其根源来自人口增加、耗水多的中产阶层增加、气候变化、水污染和渗漏。以色列60%的国土是沙漠，其余地方是半干旱地区，建国以来人口增加了十余倍，水票证明以色列当时缺水之严重。如今，以色列的中产阶级过着正常的生活，河流的水量减少一半以上，但以色列对水需求大的水果、蔬菜、鲜花出口全世界，还向邻国出口水。美国外交关系协会成员、作者、商人、律师赛斯·西格尔写的《创水记：以色列的治水之道》告诉我们，以色列是如何解决水危机问题的。

以色列早在独立之前，就已开始制定全面成熟的方案来解决水资源问题。在以色列发展的每一阶段，治水计划和技术性解决方法都是最为重要的，甚至在成为水资源强国之前，它就利用其水资源方面的专有技术，与世界各地建立关系。这一切是如何做的，我们跟随这本书一步步展开。

一

以色列的犹太人有深远的敬水文化，从犹太复国主义筹备建国开始到以色列建国初，他们一直决心创建一个以水务工作为中心的国家。

以色列的敬水文化根深蒂固，即使是富裕的上中层人士，也习惯了把洗澡水浇花等重复利用。儿童从小受到不浪费一滴水的教育，连儿歌也是关于敬水的。这种敬水文化不仅源自他们生活在极为缺水的地区，而且也源自他们的宗教。犹太人的祈祷活动中，内容之一就是雨水落在以色列的国土上。《希伯来圣经》中，"水"这个词本身出现了600次。这种传统使他们天生具备节水意识。

19世纪末的犹太复国主义者西奥多·赫茨尔在他的作品中预言，他想象中的犹太国土上，水工程师是国家英雄。让水成为公共财产，是犹太复国先驱和年轻的以色列国做出的重要决策。以色列在20世纪50年代通过的3个法律，为1959年的变革性《水法》奠定了基础。该法律赋予政府广泛的权力来控制并限制个人

如何应对水危机
——《创水记：以色列的治水之道》

的用水活动，以促进并保护公共利益。

英国在1939年5月发布的《英国白皮书》限制犹太人向中东移民，其理由是缺水。这让犹太复国主义者们重新考虑如何管理本国的水资源以获取最大限度的效用，这促使1964年6月以色列的国家输水工程完成。这个工程要从20世纪30年代来自波兰的水务工程师西姆哈·布拉斯说起。他的伙伴、以后担任过以色列总理的列维·埃什科尔为主要水利设施创建了政治和制度框架。布拉斯与埃什科尔创造了一个水务公司。布拉斯在耶斯列山谷发现了水源，并把水送到山谷各农场。布拉斯又提出一个分三阶段的方法：首先在内盖夫沙漠下找水；其次从雅孔河里抽水，运送到内盖夫沙漠；最后构建全国输水工程，把水从北方送到南方。之后他不断完善这个计划。美国科学家沃尔特·克莱·罗德民在以色列一带考察后出书称赞了以色列的治水规划，并考虑用田纳西河域管理局的方法管理以色列的水资源。本-古里安主张占有内盖夫沙漠，并用英国放弃的管道，由布拉斯建成了和耶斯列山谷项目一样的区域性水系统，这一系统被称为"香槟管道"。1948年5月14日以色列建国。布拉斯又说服该地区美国的特别大使埃里克·约翰斯顿，公平地把约旦河水分给各国使用。布拉斯主持修建了第二阶段从雅孔河到内盖夫沙漠的输水管道。布拉斯离开后，国家输水工程在1964年6月10日开放。

1959年的《水法》规定由国家拥有并控制水，加之国家输水工程完成，水利体系管理就转移到执行层面上。《水法》指派了

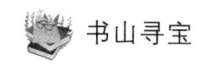

一位强有力的水务专员,在水务理事会的支持下制定并执行国家水务政策,并由农业部部长监督和控制水务理事会。但各部门都想参与管理。2006年《水法》修订,水务委员会名为以色列水务局,权利从政治层面转向技术层面。2008年,水务局宣布居民以实际价格支付水费,水价上升40%,用水减少8%。市政水务公司取消了市长对水和污水的控制权,减少了市政水管漏水和未明用水量,最后漏水浪费从16%下降到7%。价格手段和有效的管理,是以色列节水的经验。

二

国家输水工程的完成和国家高效率的管理,是节约的重要开始,但要使水的使用更有效并开辟新的水源,仍需要进一步的变革。

这种变革首先是农业中的滴水灌溉。这种技术是国家输水工程的规划者布拉斯发明的。与大水漫灌相比,这种技术节水50%～60%,而且提高了农作物产量。它一度受到农业专家的质疑,但哈则瑞姆基布兹农场接受了它,并成立了耐特菲姆公司。后来该技术也在国外受到欢迎。用肥水滴灌,还可以让湖泊和河流免遭藻类渗透。以色列还培育了需水更少的植物,以及可以在盐水里生长的种子,并开发了地质和水文方面的专门技术用来

如何应对水危机
——《创水记：以色列的治水之道》

找水。

其次是变污水为净水。几十年来，没有一个国家像以色列一样重视这个问题，它已经为重新利用污水建立了一种农业经济和国家污水基础设施，有85%以上的污水被重新利用。以色列夏夫丹项目利用沙子净化后的水可用于灌溉。污水净化设施拯救了以色列的农业，犹太国家基金会为以色列的水资源、农业发展、森林和环境项目提供全球支持。污水不同于雨水，有一致性、可靠性和可预测性的特点，更有利于利用。由于强制使用节水20%的双冲式马桶和采取其他节水措施，以色列污水减少。而且污水处理效率高，污水处理厂的能源60%以上用沼气，还用污水曝气方式减少了90%能耗。污水处理还孵化出资源回收行业，比如回收污水中的油脂（中国人所说的地沟油），以及纤维。以色列还开发技术减少水中的盐分、激素，变废为宝。

最后是海水淡化技术。以以色列第一任总统魏茨曼命名的魏茨曼研究所进行了海水淡化研究。美国总统林登·约翰逊也支持海水淡化。来自苏联的移民亚历山大·查尔金提出真空冰冻、蒸汽压缩的海水淡化方法。在此基础上，内森·柏克曼领导的海水淡化机构创造了两种节能的海水淡化新技术：机械蒸气压缩和多效蒸馏。20世纪80年代中期，以色列用美国支持的2000万美元和本国的资金在阿什杜德建立了一个示范工厂。柏克曼将海水淡化技术专利出售，并把海水淡化部改为IDE技术公司，该公司设计并建造了世界上许多大型海水淡化厂，包括美国加州、印度和中

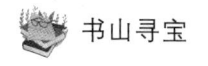

国的海水淡化厂。美国人西德尼·罗布开发出反渗透法，用一种有纳米大小的洞的滤膜来淡化海水。这种技术在以色列得到应用后得到了高质量的水，且成本比预测的低50%。

保护河流也可以创造水源。1997年犹太运动员参加的马加比厄运动会上，入场式时雅孔河上临时搭的桥垮掉，有400名运动员掉入河内，只有1名运动员因坠河受伤而死，但之后有3名运动员因吸入河底有毒物质而死。这促使以色列对河道翻修、复原和治理，这又帮助以色列开发了新水源。从1959年的《水法》开始，以色列就重视保护河流，1988年成立雅孔河管理局，使这条河重新焕发生机，鱼类又回来了。1996年已有11个河流管理局。现在，以色列是一个有丰富水源的国家。名为加利利海的湖泊（以色列最大的淡水湖）由于保护得当，保持了水位稳定。

一个综合、灵活的水资源系统，保证了以色列的繁荣和安全。

三

节水、创水技术在本国获得成功之后，以色列又把这种技术出口到国外，并利用这些技术参与国际事务及改善与邻国的关系。节水、创水技术走向世界，给世界带来福祉。

最早想到出口水技术的是贸易部原官员奥德·迪斯特。国家

如何应对水危机
——《创水记：以色列的治水之道》

水务公司麦克洛特的总裁巴鲁克·"博学"·奥伦也有此想法，他想将以色列在水务方面的专长变成一个出口工业。经过努力，如今以色列的水务产业每年销售额为6000亿美元，超过生物科技和电信业。这个产业能得到政府扶植，基布兹（犹太集体农场）在其中起到了重要作用。两家政府公司——水务基础设施和海水淡化公司已成为全球公司，每年营业收入上亿美元。阿米尔·皮莱格还创办了TaKaDu公司，把众多数据聚集在一起，创建了能够发现漏洞的数学公式。他的系统安装在以色列各城市及其他国家。政府鼓励成立孵化器公司，促进技术转让。

以色列还与约旦和巴勒斯坦合作，寻找区域水问题解决方案。以色列已向约旦和巴勒斯坦出口水，而且出口价格低于国内，并提供培训、科技和技术援助。这些合作也有利于以色列实现水资源保护。在以色列占有约旦河两岸后，水资源的改善使这里240万巴勒斯坦人95%的家中有高质量自来水。以色列与巴勒斯坦政治上的对立不利于这种合作，实际上是巴勒斯坦人受害，加沙的水资源恶化。以色列为巴勒斯坦人设计培训项目，使他们自己可以解决水问题。以色列是巴勒斯坦人解决水的关键，而约旦是努力改善水治理的典范。人们提出一些建议，改变这个地区的水状况，实现和平与共处。

以色列还以水为媒介参与国际事务。它本是少有的受国际孤立的国家，但水技术改变了这种状况。中国曾经长期没有与以色列建交。20世纪80年代，中国允许以色列水务专家秘密来到中国,他们在广西的农场采用以色列提供的种子,并引进了滴灌技术,还在甘肃武威帮助制定灌溉计划。90年代两国建交,山东寿光成为中以水关系的第一个试点城市。伊朗面临严重的水问题,以色列则帮助它解决,但1979年伊朗革命后,这种关系破裂,一些与以色列合作从事水务的官员甚至逃离伊朗或被处决,这给伊朗的未来种下了水害的种子。以色列帮助100多个欠发达国家解决水问题,一家名为泰合的以色列水务工程公司为最贫穷的人服务,帮助世界亿万人改善了生活。比如它与印度基础设施公司合作,改善德里的水状况。以色列人希凡·雅阿里建立了非政府组织"创新:非洲",使用太阳能和以色列技术给非洲偏远小村庄的人带去清洁的水和电力。

以色列不仅帮助那些敌对国或穷国解决水问题,而且还把这种合作扩展到富裕的甚至水资源丰富的国家。因为海水淡化技术、先进的灌溉方法、污水处理的先进概念、尖端计量和漏水检测及一系列高新技术可以让整个水系统更可靠、节能地运作,它还可以与别国分享水务经验。在巴西,以色列帮助解决了圣保罗的缺水与水污染问题,还防止了蚊子引起的登革热。

美国的加州在没有预兆的情况下缺水后,向以色列寻求帮助。以色列的帮助对加州维持其生活方式和发展具有重大价值。以色列协助建立了淡化水厂,为加州30万人提供了足够的水。美国得州及其他40个可能会遭遇水短缺的州也与以色列合作。以色列70%的土地都用滴灌,85%的污水被再利用,且将提高

如何应对水危机
——《创水记：以色列的治水之道》

到95%，其水务管理的一套法律和机制对美国和其他国家都有意义。

四

最后是对以色列治水之道的总结，即指导以色列治水的哲学。

犹太人是一个古老的民族，而以色列是一个年轻的国家。但它在军事、技术、社会和经济方面取得了一些成就，水资源方面的成功也不在其他成功之下——这样一个干旱的国家拥有了安全的水源和可靠的水务系统，无须依靠气候条件。它的一些做法也许不适用于一些地方，但在水治理方面的理念可能是放之四海而皆准的。

这些理念可以归纳为12个因素。这些因素单独或组合在一起，可以让我们更好地理解以色列在水务方面的理念，这也是它成功的原因。这12个因素是：

1.水资源属于整个国家。《水法》规定，水是公有财产，要从整体上为全社会的最大用水需求进行规划，同时考虑所有可用资源。以色列人愿意接受这一点，把水的控制权交给政府。集中规划正是以色列水哲学的基础理念。

2.看似廉价的水其实很昂贵。降低价格，供求双方都受益，但水例外。全球对水费进行补贴是通用做法，但以色列却要求用水者支付全部成本，没有补贴。这些成本包括水资源开发，为输水而建的基础设施，对水进行测试处理以确保安全，将水送到家庭，移除并处理污水以确保对河流或蓄水层不造成危害的全部支出。

3.用水来统一国家。所有人为水支付同样的价格，国家建立了最复杂的水系统，加强了民族凝聚力。

4.决策制定者是监督人而非政客。为了避免特殊利益集团和当选官员的朋友们得到特殊待遇，并为了保持在基础设施、技术和创新方面的高投入，不让政治和政客参与水务决策，以色列创建了权力高度集中的技术专家管制机制——以色列水务局。

5.创造一种敬水文化。让节约用水、人人有责的观念从小在人们心中扎根。这种敬水文化让政府和人民之间达成合作伙伴关系。

6.书中所列出的16项有效措施的综合。这些措施不仅具有深度和综合性，而且表明解决水问题没有单一答案。

7.将水费用在水务上。由于水务局有充分的资金，就可以修理漏水的基础设施和使用更多技术与创新。

8.寻求创新。尽管水务由政府掌握，但政府也鼓励私人驱动创新和公私合作模式。同时，以色列有特殊的控股公司即孵化器，为初创公司提供资助，并帮助研发私人公司拥有的产品。

9.测量和监控。早在几十年前，以色列就开始编制用水模式

如何应对水危机
——《创水记：以色列的治水之道》

的详细信息,对这些模式进行分析,探测用水趋势。水务专家用这种基于数据的方法来决定是否及如何探测水源、开发资源及建造设施。他们还能用水模型来检测可能的漏水,并编制了有关用水质量的信息,保证水安全。

10.制定长远规划。以色列从20世纪30年代以来就开发了滚动式总体规划,已制定了2050年的用水规划。

11.需要有倡导者。长期以来,以色列高层领导人都倡导水务项目,主要倡导者就是以色列第一任总理大卫·本—古里安。总理内阁有一人负责水务管理,每个实体都倡导负责任的水务政策,形成了强有力的倡导团体。

12.现在就开始行动。不是所有答案都找到了才采取行动,而是弄明白了就开始行动,在行动中纠正不完美。等一切完美才行动,会造成时间上的延迟。

正是这些看似简单的理念,让以色列人在水务问题上处于全球领先的地位。

五

这本书写得具体而有趣,它没有"如果不节约用水,最后一滴水就是你的眼泪"之类无用的空话,只有务实且见效的行动。看到以色列在最缺水地上建起发达国家的历史,看到他们在水问题上的努力与成就,我由衷地为以色列人感到骄傲,赞赏这个有勇气又实干的民族。以色列人在水务问题上的成功对我们有什么启发呢?

从整个国家来看,我国是一个严重缺水的国家。尽管我们在南水北调等方面做出了可观的成绩,但与以色列相比,我们的差距还相当大。我想,这首先是因为对此问题仍不够重视,没有把它放在长远工作的首位。虽然我们部分运用了以色列的滴灌及其他技术,但尚不全面。比如我们对节水的教育远不如以色列,小学教育中没有把节水作为重要内容,所以国人浪费水的现象随处可见。总之,读这本书,找到自己与以色列的差距,能使我们的水务管理有一个大的飞跃。

从企业层次来看,许多企业热衷投资高科技,但对资源保护,尤其投入水资源有效利用的企业还是太少。其实随着水短缺问题的逼近,从事各种水务项目的投资,进行节水等技术的开发与创新,是最有前途的行业。这种前途不仅在于对国家的贡献,也有企业的高回报。其实许多节水技术,以色列人已经做出了突破,也有了成果,我们完全可以引进这些技术专利,改造它,使之适合中国国情。节水、回收利用污水都是大有前途的行业,但是关注它的企业太少了。当许多企业热衷于在各种前沿高科技行业诸如电子技术,电脑技术,生物工程等方面百花齐放时,选择水行业,岂不是可以一枝独秀?

从个人层次来看,我们每个人的节水观念太淡薄了,浪费水

如何应对水危机
—— 《创水记：以色列的治水之道》

的事情屡屡出现。节水要从每一个人做起。我想读了这本书的朋友都会认识到这一点,而且从我做起。

一本20余万字的书给了我们这么多启示,这就是值得认真读的好书。

阅读推荐

赛斯·西格尔 著,《创水记：以色列的治水之道》,上海译文出版社,2017年。

创新理论及运用

——《经济发展理论》与《创新与企业家精神》

如今"创新"这个词已经"髦得合时"了，似乎开口不谈创新，就成了顽固不化的老古董。但真正了解创新的含义并自觉地运用的人相当有限。一个词变得时髦之后，追究其本身来源及含义的人也不多了。因此为了给创新正本清源，我推荐两本关于创新的经典。一本是美国著名经济学家约瑟夫·熊彼特的《经济发展理论》。"创新"一词就是熊彼特在这本书中提出的。它提出的创新理论至今仍然是这一理论体系最权威的论述。另一本是美国著名的管理大师彼得·德鲁克的《创新与企业家精神》，这本书是从企业家实战的角度来讲如何创新的。读了这两本书，你可以知道什么是创新，以及在实战中如何创新。

一

对于熊彼特，大家并不陌生，他几乎可以与亚当·斯密、凯恩斯齐名。如果要评选亚当·斯密以来的10大经济学家，他是可以入选的。熊彼特是一位极为独特的经济学家，这就在于他既不同于古典学派以论述市场机制的完美性为宗旨，而是新古典学派；也不同于凯恩斯主义，以论述国家干预的必要性为宗旨。他以创新理论为中心，以论述资本主义的发展过程为宗旨。在这一点上，他与马克思有共同之处。不过与马克思反对资本主义不同，他是拥护资本主义的。他的整个创新理论，就体现在《经济发展理论》这部里程碑式的著作中。

《经济发展理论》德文第一版出版于1911年，1926年出版了修订的第二版。这本书分析了资本主义发展的过程。全书从静态的"循环流转"开始，也就是从假设的简单再生产循环开始，而打破这种静态的动力正是创新。创新（innovation）这个词正出于熊彼特。第二章论述了创新的定义与作用，企业家在创新中的作用，是本书的核心。以后各章以创新为基础，分析了信贷与资本、企业家利润，以及资本的利息，并用创新解释了经济周期。这就是完整的创新理论。

熊彼特把创新定义为生产要素的重新组合。这包括5种情况："（1）采用一种新产品——也就是消费者还不熟悉的产品——或一种产品的一种新的特征。（2）采用一种新的生产方法，也就是在有关的制造部门中尚未通过经验检定的方法。这种新的方法绝不需要建立在科学上新的发现的基础之上；并且，也可以存在于商业上处理一种产品的新的方式之中。（3）开辟一个新市场，也就是有关国家的某一制造部门以前不曾进入的市场，不管这个市场以前是否存在过。（4）掠取或控制原材料或半制成品的一种新的供应来源，也不问这种来源是已经存在的，

创新理论及运用
——《经济发展理论》与《创新与企业家精神》

还是第一次创造出来的。（5）实现任何一种工业的新的组织，比如造成一种垄断地位（例如通过'托拉斯化'），或打破一种垄断地位。"

熊彼特特别强调，创新并不等于发明（invention）。发明是发现了过去未知的东西，是科学家完成的。创新是把已有的发明运用于经济活动，创新由企业家进行。从这层意义上说，企业家并不是企业的所有者或管理者，而是创新者。企业家的职能就是创新。那些有非凡的眼光和胆识，有超人的能力，不屈不挠又敢于承担风险，并有组织能力的创新者，才是企业家。创新要能实现，需要有资本，银行家为创新的实现提供资本保证，是金融创新者。

熊彼特用创新解释经济进步及利润与利息的来源。创新提高了效率，降低了成本，这就获得了利润。利润刺激企业家不断创新，社会就打破静止均衡状态，不断前进了。利润是企业家们合理的报酬，也是企业家创新的动力。从这层意义上说，没有利润就没有社会经济的进步。一个企业家的创新带来的利润会引起其他企业模仿，这就形成整个社会的创新浪潮，从而推动社会前进。

社会的进步是一个波浪形的过程，有繁荣，也有衰退，我们称之为经济周期。熊彼特把经济周期视作创新不断打破旧均衡、实现新均衡的过程，而不像有些经济学家把经济周期看作一种灾难。他认为，由创新引起的创新浪潮打破了原有均衡，引起

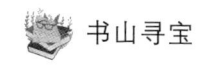

对银行信贷和生产资料的更大需求，这就引起经济繁荣。随着模仿及创新的普及，盈利机会消失，对银行信贷和生产资料的需求减少，经济就会出现衰退。直到另一种创新出现时，经济再次繁荣。如果排除其他因素的影响，经济周期是由繁荣和衰退这两个阶段构成的。这两个阶段的交替，引起经济在波动中前进。但每一次周期，经济都会进入新的、更高的阶段，社会正是在繁荣和衰退的交替中前进的。这被称为熊彼特经济周期理论的"纯模式"。

在本书的附录"经济变动的分析"中，熊彼特用创新理论解释了当时广为流行的3种经济周期：俄国经济学家康德拉季耶夫的"长周期"，法国经济学家尤格拉的"中周期"和英国经济学家基钦的"短周期"。他认为，每种周期与创新的大小相关，资本主义发展中的3次重大创新引起了3个长周期：纺织机所引发的工业革命带来1783—1842年的"产业革命时期"，蒸汽机和钢铁引起1842—1897年的蒸汽和钢铁时期，以及电力创新引起1897年到20世纪20年代末的电气、化学和汽车时期。每一个长周期都与一个重大创新相关。每次重大创新中还有许多中创新、小创新，这就使每个长周期包括6个中周期，每个中周期又包括3个短周期。周期的长短与创新的大小相关。在1939年出版的两大卷《经济周期》（中文版分为三卷，将由商务印书馆出版），他进一步发展与完善了这种周期理论。

熊彼特是一个理论经济学家，他的这本《经济发展理论》

创新理论及运用
——《经济发展理论》与《创新与企业家精神》

并不是写给大众的。这本书理论性强,抽象程度高,非专业读者不一定要去读,只要掌握它大致的理论体系内容与思想就可以。但之后的各种创新理论都由此而来,今天无论是技术创新论还是制度创新论,都源于熊彼特。所以,简单了解这种理论还是必要的。

二

如果说熊彼特的《经济发展理论》是对创新理论最权威的论述,那么,德鲁克的《创新与企业家精神》就是面向实战的。把一种理论运用于实践,是一门艺术。把理论变为实践,绝不仅仅是一种运用,而是对理论的丰富与发展。从这层意义上说,德鲁克的书既是对熊彼特创新理论的运用,又是对这种理论的发展。

在本书引言中,德鲁克指出,20世纪80年代之前美国经济迅速发展、就业人数增加,并不在于传统工业和高科技,而在于"美国的经济体系发生了深刻的变化,从'管理型'经济彻底转向了'企业家'经济"。使美国经济改变的,是一种被称为管理的技术。"正是管理的新应用促成了美国企业家经济的出现。"这表现在各种新建机构、中小机构、非企业机构等领域,管理得到应用,而"最重要的是,管理应用于系统化的创新上,运用到为满足人类需求,而对新机遇进行的研究发展上"。本书正是分

3部分介绍了这种创新。

第一部分"创新实践"首先探讨了企业家的含义是什么。企业家这个词来自法语entreprendre，意思是"敢于承担一切风险和责任而开创并领导一项事业的人"，有冒险家的意思。法国经济学家J.B.萨伊把企业家定义为"将资源从生产力和产出较低的领域转移到生产力和产出较高的领域"的人。这些定义本身并不清晰，社会上对企业家的定义也普遍存在误解。在美国，就把创办中小企业的人称为企业家。在德国，企业家则被定义为同时拥有并自己经营企业的人。德鲁克认为，创办中小企业的人不一定是企业家，大企业中也有企业家，甚至非经济单位如大学里也有企业家。"企业家精神是一种行动，而不是人格特征。它的基础在于观念和理论，而非直觉。"企业家颠覆现状，推陈出新。正如熊彼特所阐明的：企业家所从事的工作就是"创造性破坏"。

德鲁克给创新下了一个定义："'创新'是一个经济或社会术语，而非科技术语。我们可以用萨伊定义企业家精神的方式来对它下一个定义：创新就是改变资源的产出。或者，我们可以按现代经济学家的习惯，用需求术语而非供给术语对它加以定义：创新就是通过改变产品和服务，为客户提供价值和满意度。"要能实现创新，必须关注创新机遇的7大来源。其中4大来源来自机构内部，这种机构可能是商业机构或公共服务机构，或者某个产业或服务领域内部。另外3种来自机构或产业以外的变化。本书第一部分的重点正在于分析这7种创新机遇，这一部分占全书的

创新理论及运用
——《经济发展理论》与《创新与企业家精神》

一半以上,因此也是这本书的重点。

创新机遇的第1个来源是意外事件。这又包括意外的成功、意外的失败,以及意外的外部事件。意外的成功是一种最好的创新机遇。因为利用这个机遇创新的风险最小,整个过程也最不艰辛,但这种机会几乎完全会被忽视,甚至被拒之门外。这就使对手有机可乘,坐收渔翁之利。意外的失败很难忽视,但很少被看作是机遇的征兆。如果精心设计、细心规划和小心执行仍然失败,就预示着根本的变化,以及随之而来的机遇。所谓"失败乃成功之母"就包含了这种意思。意外的外部事件,即没有反映在管理者所采用的信息和数字资料上的事件,或者说企业家没有预料到的外部事件,往往更为重要。德鲁克强调,"利用意外的外部事件似乎特别适用于现有的企业,尤其是在该行业具有相当规模的公司"。

创新机遇的第2个来源是不协调的事件。这又包括"某个产业(或公共服务领域)的经济现状之间的不协调,某个产业(或公共服务领域)的现实与假设之间存在的不协调,某个产业(或公共服务领域)所付出的努力与客户的价值和期望之间的不协调,程序的节奏或逻辑的内部不协调"。所谓不协调或者不平衡,就是现实与事实理应如此之间却没有达到,或者说客观现实与个人主观想象之间的差异。这种不协调是一种"断层",提供了创新的机会。不协调的经济现状下,某种产品或服务需求稳步增长,但该行业或企业的利润却不增加,甚至在减少。这就表明需要创新的行动。如果处于某个行业或服务领域的人对现状产生错误的想法,并由此做出错误的假设,就不会产生任何结果。这就是现实与假设之间的不协调。认识到这种不协调并加以利用,就是创新机遇。由于傲慢、武断或其他原因,企业家的认知与客户的做法和期望之间不协调,又形成一个创新的机遇。认识程序的节奏或逻辑的内部不协调,也可以找出创新机遇。

创新机遇的第3个来源是程序需要。如果某种产品或服务的整个程序中存在某个薄弱环节需要改进和完善,就出现了程序需要。解决这个薄弱环节的问题,使整个程序完善,就是一种创新机遇。

创新机遇的第4个来源是产业和市场结构的变化。由于社会经济和消费者需求的变动,市场和产业结构很难一成不变地发展下去。当这些变动发生时,没有抓住这个创新机会的企业就会衰落,而抓住这种机会,就可以异军突起。作者用汽车业的例子说明了这一点。这种产业与市场结构变化的机遇,对业外人士而言是一个风险相当低的机遇。如何认知产业和市场结构的变动呢?德鲁克指出4种情况:一是某项产业快速增长,增长速度高于经济或人口增长速度,这时它的结构就会发生重大变动;二是某个产业的增长速度为过去两倍时,它的认知方式与服务市场的方式都会不合时宜;三是彼此之间独立的科技整合在一起时;四是一个产业的运营方式正在发生迅速改变时,该产业的结构变化时机已经成熟。这时,就要抓住创新机遇。

创新理论及运用
——《经济发展理论》与《创新与企业家精神》

以上4种机遇来源于一个企业、一个产业或一个市场体系的内部，而来源于外部的创新机遇还有3种。

创新机遇的第5个来源是人口统计数据。人口统计数据包括人口数量、人口规模、年龄结构、人口组合、就业状况、受教育状况及收入状况。这些对什么人买什么及买多少，即对需求有重大影响。关注人口的这些变动，就可以抓住创新机遇，是企业家可以利用的机会。在人口统计数据中，最重要的不是人口的绝对数字，而是人口重心的改变。人口重心是指在任何特定的时间里，人口结构中最大且增长最快的年龄层。

创新机遇的第6个来源是认知的变化。从数学角度看，杯子是半满的和杯子是半空的是一样的，但认知的差别却会引起不同结果。认知从半满到半空，就有创新的机遇。德鲁克以美国人对健康、美食、黑人状态和女权主义，以及自己是否中产阶级看法的变化，说明了这些认识的变化带来的创新机遇。利用认知变化创新的关键是时机问题，即只有抓住正确的时机，创新才能成功。

创新机遇的第7个来源是新知识。基于知识的创新被认为是"超级明星"，但知识并不全是科学与技术知识，而且基于知识的创新风云莫测，善变而难于驾驭。基于知识创新的一个特征是所需的时间长，即从新知识出现到应用，再变为上市的产品与服务，需要的时间跨度相当长。这个时间大约在25～35年间。基于知识创新的另一个特征是，它们是多种不同知识的融合。基于知识的创新有两个要求。一是对所有必要的要素（包括知识及社会、经济或认知要素）进行深入分析，确定这些要素是否都已具备，从而判断创新能否成功。二是要有清晰的战略定位，即为客户提供什么服务、市场重点及如何实现企业家管理。这种创新风险相当大，进入"窗口"即利用这个时期的企业会很多，但在淘汰期，会有大量企业破产，而且用户的接受度是一场赌博。这些都是基于新知识创新的企业家必须注意的。

在分析这些创新机遇的基础上，德鲁克强调，靠灵光乍现式的聪明，创新是有成功的，但非常少见，绝非常例。创新基于对机遇的分析：走出去多看、多想、多听；目标明确，一次只做一件事；始于细微之处；并不以成为一个大企业为目标，只求最终取得领导地位。创新的禁忌是不要太聪明，不要多元化，不要尝试为未来创新，要立足于现在。成功的创新需要3个条件，即创新者的才干、独创性和个人风格，立足于个人的长处，以及以市场为中心。

第二部分"企业家精神的实践"，分析企业家型企业及创新型企业所需要的管理。这就是说，这种企业不同于一般企业的管理方式，但同样需要有系统、有组织和有目的的管理。这就是说，无论是现有企业、公共服务机构还是新企业，都要以企业家精神为指南，实现企业家管理，才能创新。实现企业家管理要在4个方面制定政策，并付诸实施。这4个方面是："第一，组织必须接受创新，并愿意视变化为机遇，而不是威胁。它必须承担

创新理论及运用
——《经济发展理论》与《创新与企业家精神》

起企业家的艰苦工作,并通过制定政策和措施来营造企业家气氛。第二,必须对公司作为企业家和创新者的表现进行系统衡量和评估,同时建立起内部学习机制以提高绩效。第三,企业家管理要求建立组织机构、人员任用与管理、薪酬、激励和奖励等方面的具体措施。第四,企业家管理中有几个禁忌,也就是不该做的事。"德鲁克在第13章"企业家企业"中详细论述了这4种政策。服务机构比一般企业会遇到更多障碍,但同样需要企业家精神。它们的企业家政策需要明确地界定其使命,应以合乎现实的字眼来表述组织目标,如未能达成目标,就说明目标是错误的。而且,它们应该将不断探索创新机遇作为其政策和实践的一部分。对新企业,核心是管理,要关注市场,财务上有前瞻性,建立一个高层管理团队,并听取局外人的建议。

第三部分"企业家战略",分析4种战略:1.孤注一掷。2.攻其软肋。3.找到并占据一个专门的'生态利基'。4.改变产品、市场或一个产业的经济特征。这4个战略不是互相排斥的。同一个企业家往往会把其中的2个战略,有时甚至3个战略的元素整合在一个战略中。而且这4个战略并不总是界限分明的,例如,同一个战略很可能既能够归入"攻其软肋",又能够归入"找到并占据一个专门的'生态利基'"。不过,这4个战略均有自己的先决条件。每一个战略只能适用于某一种特定类型的创新,而不适合于其他类型的创新。每一个战略都需要企业家表现出不同的行为。最后,每一个战略都有自己的局限性和风险。

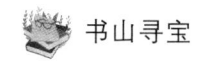

在第16～19章中,德鲁克分别论述了这4种战略。

在最后的结论"企业家社会"中,德鲁克强调了社会的发展与进步不能靠革命,而是要靠包括企业和公共服务机构在内的创新和企业家精神,因为这能使"任何社会、经济、产业、公共服务机构和商业机构保持高度的灵活性与自我更新能力"。因此,我们需要一个企业家社会。这种社会需要什么样的公共政策和政府措施呢?他认为,政府的规划也是无效的政策,特别是各国以高科技为目标的政策。要解决创新问题,要依靠企业本身,并要放弃已经过时的社会政策和公共服务机构。政府应该有鼓励企业家的税收政策,保护新企业免受政府监管、限制、报告和文书工作的干扰。个人则要学习再学习,把危机作为机会加以利用,社会为他们的学习提供教育机会。这样,企业家社会的出现就会是历史的转折点。

三

我把这两本书放在一起推荐,是因为它们之间存在某种内在联系。这两本书都是讲创新理论的。熊彼特的创新理论是基础,而德鲁克的论述则使抽象的理论成为具体的操作方法。理论离我们有点远,而且熊彼特的创新理论重点还在于分析资本主义社会的进程。社会进程是我们普通人无法操控的,但德鲁克的论述对

创新理论及运用
——《经济发展理论》与《创新与企业家精神》

我们每一个人都有意义,从他的论述中我们可以找到创新的机会,并知道如何创新。所以尽管我推荐了两本书,但对一般读者来说,我还是建议大家读德鲁克的这本。介绍熊彼特的书,是想给大家提供一个阅读德鲁克这本书的基础。

应该特别指出,德鲁克的这本书写得有趣,读起来有趣且容易理解。德鲁克是管理大师,对企业的历史和现实情况极为了解。他在介绍每一个观点时都用历史上或现实中的事例进行解释,这就让人读起来觉得极为有趣,又增加了我们对企业的了解。这些例子有的我们略知一二,但更多的,我们还不知道,或者了解甚少。用例子来说明观点,极有说服力,也让我们理解更深刻。也只有德鲁克这样的大师,才能对如此多的例子极为熟悉,且恰当地运用了。这正是读大师著作的乐趣所在。

德鲁克的这本书是面向实践的,但并不是实用的。这就是说,它并不是实用手册,我们可以照猫画虎地模仿。它只是在认识创新问题上给我们一些启发。

这种启发首先就是,创新不仅是经济上的,也包括政治与社会的,所以创新的不仅是企业,也包括各种公共服务机构,例如大学、医院甚至教堂。所以,不仅企业的领导可以成为企业家,这些公共服务机构的领导也可以成为企业家,这样,德鲁克就扩大了创新的范围,从经济领域扩大到整个社会。我认为这种扩大是有意义的。创新是社会进步的动力,经济当然是社会进步的基础,但没有政治与社会相应的创新和变革,整个社会便难以进步。所以，对一个社会来说，各个领域的创新应该同时并进，互相补充。而且，没有政治与政策的创新，经济创新也很难实现。这使我们认识到，创新不仅是企业家的责任，也是所有人的责任。熊彼特作为一个经济学家，仅从经济上讲创新，是他的社会角色决定的，而德鲁克是管理大师，管理不仅涉及企业管理，也涉及其他机构的管理。所以，他延伸了创新的含义是正常的、有意义的。这使我们对创新的理解更全面、更深刻。

其次，德鲁克强调，创新不仅是高科技创新，也包括中科技创新、低科技创新，甚至无科技创新。由于高科技对经济的重要性，人们习惯把高科技与创新联系在一起，这很正常，强调高科技创新的重要性也不错。但仅仅把高科技作为唯一的创新，就过于片面了。许多行业并没有什么科技含量，但它们的创新也同样重要。例如，餐饮、理发都是传统行业，与高科技没什么关系，但这些行业中的连锁经营，不就是一种重要的创新吗？我们日常所用的刀具也是有几千年历史的传统工具，但德国双立人刀具在质量上的优越性不也是创新吗？不把创新的眼光全盯在高科技上，才能有更全面的创新。让那些不懂高科技的人也进行创新，创新才会有更大的意义。经济是一个整体，在现代社会，高科技是核心，但社会永远有非高科技行业，这些行业不创新，社会能进步吗？德鲁克对非高科技行业创新的强调，并不是因为他不重视高科技，而是因为人们往往看到了高科技的重要性却忽视了其他行业，所以要特别指出这一点。

创新理论及运用
——《经济发展理论》与《创新与企业家精神》

最后，德鲁克强调，不要把那种靠"灵光乍现式"的聪明点子作为什么创新。德鲁克并没有否认这种小创新，它在短期内也会给企业带来好处，但靠这种创新改变一个企业、改变社会，是不可能的。创新还要从大处入手。比如，提高产品质量和创名牌，实际上就是重要的创新。光有一些聪明的小点子，但产品质量不高，又形不成名牌，有什么用？我国的工业产品在这方面就与国外产品差距甚大。比如：我们的国产汽车有近70年的历史了，自从20世纪80年代之后，汽车工业也发展极快，现在产销已是世界第一。但为什么国内汽车市场不是以国产品牌为主流，而是满大街都是国内组装的洋品牌？为什么国内自主品牌的汽车难以进入世界市场？我想，这无非是因为形不成名牌。这种质量或名牌的创新，不比在形式做点什么小改进的聪明点子更为重要吗？创新是一件严肃的事，绝非什么"聪明的点子"可以代替。我想，强调这一点有利于我们下大力气去进行更重要的创新，而不是用什么满天飞的"点子"来冲淡，甚至代替创新。

当然，我们还要强调的是，德鲁克讲创新完全是以西方国家为背景的，所举的例子也都是外国的。例如，他对如何为企业家创造一个创新的环境讲得很少，只在最后的结论中提了一笔。这是因为国外的创新环境已经相当完善，当然不用多说。再如，他对国家在创新中的作用讲得也很少，因为国外有成熟的企业及各种公共服务机构。但在我国，创新的环境仍存在各种问题，企业总体上也不成熟，因此，国家在创新中的作用就更重要。在我国

书山寻宝

的环境下,国家如何为企业创造一个良好的环境,国家在创新活动中应该做什么,不做什么,都是有待深入探讨的问题。在现有的条件下,我国的企业和公共机构应该如何创新,也是一个相当大的问题。与国外以私人企业为主不同,我国的企业有国有企业与民营企业,不同的企业有不同的客观条件,它们各自应该如何创新?这些都是要从我国国情出发,认真探讨的问题。

国外学者有许多新思维,有一些好的思想或良好的建议,学习这些是重要的。但在运用到我国时,一定要从我们的具体国情出发。生搬硬套地模仿是不行的,只有对这些思想认真思考,有选择地吸收,并根据我国的国情创造性地运用,才能对我国的经济和社会产生良好的影响。全盘照搬只会害了我们。记住这一点,在读德鲁克的书时就会受益无穷。

阅读推荐

约瑟夫·熊彼特 著,《经济发展理论:对于利润、资本、信贷、利息和经济周期的考察》,商务印书馆,1990年;

彼得·德鲁克 著,《创新与企业家精神》,机械工业出版社,2015年。

人类起源与演化的经济学解释

——《进击的智人：匮乏如何塑造世界与文明》

记得20世纪90年代看过一部电视剧《成长的烦恼》。剧中有一个叫本的小男孩，他经常坐在门外仰望星空，发出"我们从哪里来，要到哪里去"的问题。观众会为他这种少年老成的样子而笑，其实这是自古以来人们就在思考的问题。正因为这些问题，才有了"上帝造人""女娲造人"及各民族不同人类起源的神话与传说。

但直至现在，人们才对人类的起源与演化做出科学的解释。这种解释涉及考古学、基因学、地质学、气象学、生物学、历史学、动物学、植物学等各个学科。对我们这些无知的庸庸大众而言，这些严肃的研究无异于天书。即使对专家来说，也是术业有专攻，不可能门门精通。为了让大家对相关知识有所了解，科学家写了大量科普读物，例如从生物起源讲起的理查德·福提的《生命简史：地球生命40亿年的演化传奇》（中信出版集团，2018年）和卡尔·齐默的《演化的故事：40亿年生命之旅》（上海人民出版社，2018年），以及专讲人类起源的罗宾·邓巴的《人类的演化》（上海文艺出版社，2016年）、亚历山大·H.哈考特的《我们人类的进化：从走出非洲到主宰地球》（中信出版集团，2017年），以及奇普·沃尔特的《重返人类演化现场》

（生活·读书·新知三联书店，2014年）。读过这些书，感到它们在学术上相当严谨，普及性也相当好，不愧优秀的科普之作，但对中国一般人而言，通俗性仍差了一点，趣味性也不够，读起来还有点深奥、乏味。因此，我想推荐一本中国人写的《进击的智人：匮乏如何塑造世界与文明》（以下简称《进击的智人》）。作者河森堡先生是一位国家博物馆讲解员，既读了大量的书，知识丰富，又了解大众的需求，善于把许多知识通俗有趣地介绍给大众。他在知乎等网站上开的专栏"我在国博讲故事"等深受欢迎，拥有大量粉丝。这本书也体现了他的这一风格。

一

解释人类的起源与演化，有两个层次。一个层次是实证的描述，即用考古和基因来描述人类起源与演化的进程。这部分内容是客观的，有一分证据讲一份话。随着技术手段和考古学、基因学等的进步，这种描述也变得越来越清楚。到今天，虽然不能说全面、准确，但已有了一个大体的轮廓。这是研究人类起源与演化的基础。另一个层次是在这个实证的基础上，用一些理论解释人类起源与演化背后的原因。前者要说明"是什么"，后者要说明"为什么"。这两者结合在一起，才是完整的人类起源与演化学说。

人类起源与演化的经济学解释
——《进击的智人：匮乏如何塑造世界与文明》

实证层次的研究是客观的，但理论层次的研究就见仁见智了，而且也有各种争论，甚至形成不同的学派。也正是在这种争论中，人们的认识逐渐接近真相。这些不同的解释，有些是因为作为分析工具的理论不同。从各种不同的理论出发来解释人类的起源与演化，并不是争论，而是相互补充。这可以使我们的认识更全面，也更深刻。由《进击的智人》的副标题"一部由匮乏塑造的历史"就可以看出，这本书是从经济学的角度来解释人类的起源与演化的。

"匮乏"就是经济学所讲的"稀缺性"。经济学家认为，稀缺性不是指绝对量的多或少，而是相对人类的欲望而言的。这就是说，相对人类无限的欲望（正如俗话所说的，人心不足蛇吞象），人类所拥有的资源总是稀缺的。人的本能就是有无限的欲望，因此稀缺性是永恒的，无论人类社会物质产品有多丰富，总存在着这种稀缺性。这就引出了选择、成本与收益分析等经济学所要解决的问题。因此，用"匮乏"来解释人类的起源与演化，就是从经济学的角度。

经济学的形成也就200多年的历史，如果追溯不成体系的经济思想，即使追溯到两河流域的苏美尔人、古埃及人，也不过6000年的历史。何况人类的祖先南方古猿、早期的能人、直立人，都不同于现代智人，他们的行为也可以用今天的经济学解释吗？我认为，当然可以。经济学不仅可以解释直立人等早期人类的行为，甚至可以解释所有动物的行为。因为历史上并不是先有经济学再有人类的行为,而是先有人类的行为,后总结出人类行为规律——经济学。人本质上是一种动物,人与动物的分界线很难清晰地划出。稀缺性不仅存在于人类,也存在于动物界。直至今天,人类绝大部分行为也并不是自觉地、有意识地按经济学行为行事,甚至经济学家也做不到事事以经济学为指导。但人类的正确行为都无意识地与经济学的原理一致。在这一点上,动物与人类本质上是一致的,当它们面临稀缺性时,也要做出选择,也有成本收益分析,也要以最小成本获得最大收益。它们与绝大多数人一样,并没有意识到这一点,但它们做出的行为却与这些原理一致。如果它们本能的行为与这些原理相悖,它们早就灭绝了。有动物学家观察到,一只猎豹在追一个猎物时,有时会停止追击,这是因为它意识到,吃掉这只猎物增加的营养不足以弥补它为此付出的消耗。这不就是经济学上的边际成本大于边际收益,行为不理性吗?猎豹当然不懂这些原理,但它在按本能行事时却遵循了这一原理。建筑学家发现,蜜蜂建造的蜂巢是最节省材料的,这不就是蜜蜂实现了资源利用的最大化吗?正如许多没听说过任何经济学理论的企业家,仍然创办了成功的企业一样,如果我们事后分析就会发现,他们在创业中的每一个决策都符合经济学理论。我们与所有动物一样,无意识地按经济学的原理活动,经济学的作用,无非是探讨这些活动背后的原理而已。人与动物的区别之一,正在于动物只是根据本能行事,而人要探讨这种行为方式背后的原理,并力求自觉地按这些原理行事,从而更

人类起源与演化的经济学解释
——《进击的智人：匮乏如何塑造世界与文明》

有理性，优于动物，能主宰世界。

正因为如此，用经济学来解释人类的起源与演化，就是一种有益的探讨。其实经济学家早已在进行这种探讨了。美国经济学家曼昆在他著名的教科书《经济学原理》第四版中的"相互依存性与贸易的好处"一章中，用了英国杂志《经济学人》2005年4月7日的一个"新闻摘录"，提出"比较优势理论可能是人类进化过程的中心"。这一章中讲到，根据肖格伦先生的研究，尼安德特人被智人代替，正在于他们没有贸易，没有利用比较优势，而智人发展出了贸易体系。这种解释能否成立，我并不知道，但曼昆探索用经济学解释人类的进化，还是值得称赞的。由此，曼昆提出"有人类经济学吗"。我觉得，如果人类经济学的含义是用经济学来解释人类的起源与演化，或者人类进化，而不只是解释人类行为，应该是有的。可惜我还没有读过这一类有分量的专著。不过无论如何，用经济学来解释人类的起源与演化，应该是一个值得努力的方向。

《进击的智人》可以被看作这种探索的一种尝试，尽管它不是高水平、严肃的学术研究，但仍然值得一读。这本书实际上包括两部分。第一部分"匮乏塑造了我们"，是讲人类的起源与演化的，第二部分"匮乏塑造了历史"是讲新石器时代以后的中国历史的。全书60%左右的内容是第一部分，我的主要兴趣也在这里。

书山寻宝

二

　　从猿变为人并不是猿本身有意识地追求的结果，而是被匮乏或稀缺性"逼"出来的。任何动物（或者说包括植物等的生物），内在本能都是要生存与发展，由此形成适应环境变化改变自己行为习惯甚至基因的能力。这就是进化论所说的适者生存。制约生物生存与发展的，就是地理环境或气候变化引起的生存必要条件的匮乏。这种匮乏逼着生物改变，或曰进化。正是这种匮乏的逼迫，人类从猿类中产生了。

　　要了解这种"逼迫"如何成为人类起源的开始，首先要区分人与包括猿在内的动物的根本区别。区分人与动物其实是一件颇为困难的事，著名的动物学家珍妮·古道尔就说过："到目前为止，我们还没有找到任何一条清晰的边界可以把人类和其他动物分开。"过去我们认为的使用火、语言，使用并制造工具，都不是区分人与动物的标准，因为人们已发现，某些动物也会用火，也有语言，也会使用并制造工具。火、语言、工具都不是人的专利。这本书的作者采用了学术界一个颇为流行的见解，人是"习惯性直立行走的灵长类"。习惯而不是偶尔，直立而不是爬行，灵长类而不是其他类。无论准确与否，这一见解的确抓住了人的本质特点。当人离开树，开始直立行走时，人类的历史就开始了。所以，对人类起源的研究就要从猿什么时候、为什么从树上

人类起源与演化的经济学解释
——《进击的智人：匮乏如何塑造世界与文明》

到地上直立行走开始。

由于气候变化，古猿无法在树上生活，于是被迫从树上下来。它们的这一小步，是人类形成史上的一大步。它们从树上下来直立行走，是为了解决自己面对的匮乏问题。那么做，对解决匮乏有什么帮助呢？这就有了不同的假说，如直立行走有威慑力，再如直立更方便进食，直立的移动节省体力扩大了寻找食物的范围，等等。总之，它们开始直立行走，并逐渐习惯了这种行走方式。

直立行走改变了古猿的生活方式，也影响了它们的身体结构，开始有了腰椎间盘突出、胃下垂、疝气、心血管疾病、骨盆缩小生育困难等问题，但也引起了人类脑容量增大。脑容量增大的原因是复杂的，但不管是为什么，脑容量增大的动物能更多地记忆与思考，更有利于生存。草原上有许多凶猛的动物，要克服安全的匮乏，古猿就开始群体生活，而群体规模大小又取决于脑容量。群体生活的必要性，也促进了古猿脑容量的发展，并使得古猿产生相互照应的共情。大约200万年前，东非的奥杜威峡谷中，古猿进化为能人（Homo Habilis）。

这时能人体内的MYH16基因发生突变，咀嚼肌的生长放缓，因此咀嚼食物的一部分过程被石器工具代替，这就又促进了脑容量扩大。脑容量扩大，头大了，孩子就得"早产"，培养孩子成长成为问题，这又引起了寿命延长。所有这些适应，都是为了应对匮乏引起的问题。

书山寻宝

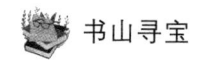

从已发现石器的6种模式中看出，从最早的能人奥杜威，即模式一开始，到直立人的阿舍利，即模式二时，已经有打造石器的"计划"。直立人活跃在距今180万年到20万年间，打造石器激活了直立人相同的大脑区域，可见"劳动创造人"还是有道理的。在打造石器中，直立人又发展了语言。由于女性匮乏，直立人中还发生了暴力行为，直立人中的一种北京人的遗迹中就有相关证据。

根据这本书的介绍："南方古猿进化成能人，能人又进化成直立人，直立人进化成海德堡人（海德堡人有时被一些学者归纳到广义的直立人中去），而大约在距今50万年前，海德堡人在非洲和欧洲分化为智人和尼安德特人。"智人20万年前出现在东非，在摩洛哥的杰贝尔·伊罗遗址发现的化石则说明，智人出现在30万至35万年前。炎热的气候使人类褪去了体毛。如今全世界的人类都来自非洲。尼安德特人属于智人的亚种，他们在大脑思维能力、语言等方面不如智人，因此在约2万年前消失了。

在匮乏的压力之下，一些非洲智人开始走出非洲。当时走出非洲有3条路："第一条是经过今天的摩洛哥，穿过直布罗陀海峡到达西班牙。第二条是穿过今天的西奈半岛，抵达地中海东部。第三条是穿越红海的曼德海峡，到达阿拉伯半岛。"第一条路隔着沙漠，当时不容易，而后两条路比较可靠。基因检测证明，今天全球的智人都是非洲智人的后代。今天全球所有男性的Y染色体，都来自距今12万年到15.6万年前的一位男性，因此他

人类起源与演化的经济学解释
——《进击的智人：匮乏如何塑造世界与文明》

被称为"Y染色体亚当"。女性的基因来自9.9万到14.8万年前的一位女性，因此她被称为"线粒体夏娃"。智人在约7万年前走出非洲之后，经历6万年遍及世界各地。极为简单地说，这就是今天人类的来源，也是人类演进的结果。当然，具体的过程仍有许多待解之谜，也有许多争议，这一切要等待更多的考古发现来解决。由于年代久远，考古证据缺乏，许多细节恐怕永远是无法解开的谜。

这本书的第二部分用"匮乏"来解释中国历史，以及新石器时代以来的华夏文明。发现于北京房山北京人发现地的山顶洞人，就是智人。我们的祖先过着男子狩猎、女人采集的生活，由于收获不稳定，逐渐过渡到农业社会，这个过程大概需要4000年。约在4000年前，黄河流域发生了一场大洪水，于是有了"大禹治水"，建立了中国第一个王朝夏朝，华夏文明由此开始。对夏朝的历史，现在仍缺乏充分的考古证据，但甲骨文的出土已经证明了商王朝的存在。商王朝的活人献祭正是对当时匮乏的证明。考古发现也证明，当时普遍存在营养不良的情况。之后每一次气候变化引起的匮乏，都影响了历史的进程。南北朝时的气候变冷、蝗虫等灾害引起社会混乱，明末的寒冷引发了李自成起义，等等。

决定人类社会发展的，有许多种因素，自然因素、气候变化、地质灾害等都会影响社会发展。越是在人类发展的早期，这种影响就越大，甚至有决定性作用。因此，从气候等引起的匮乏

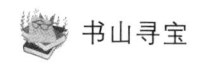

来解释人类起源与社会发展就有其意义。

三

我推荐这本书,并不是因为它的学术价值有多高,或对人类起源与演化的研究有多全面或多深刻,而在于它的有趣性。换句话说,与许多同类著作比,它的学术水平都不高,但比那些学术水平高的书有趣,读者能读下去。

先来看这本书的"前传:闹鬼的新几内亚岛",这部分从这个岛上富雷部落上许多妇女精神异常,最后饿死的这件怪事开始讲述,当地人用巫术来解释这种现象,即认为这些人是被巫术诅咒了。但外来的医生发现,他们实际上是感染了朊病毒,而这种病毒来自他们吃人尤其吃人脑与骨髓的习俗。由于妇女儿童是吃人的主体,所以他们的发病率就高。吃人的习惯正来自食物匮乏,尤其是蛋白质匮乏。这件事说明,匮乏决定了当地这个部落吃人的习惯。这就点明了本书的中心思想:"匮乏"如何成为人类起源与演变的动力。同时,用这样一个真实的怪异事件开头,也相当吸引人,能引起人们的好奇心。有了好奇心,就想继续读下去了。实际上,吸引我看这本书的不是两个"大咖"的序言(说真的,我觉得请名人作序都有点"拉大旗作虎皮"的意思,名人不好意思推辞,也就写下一些恭维的话),而是这个前传。

人类起源与演化的经济学解释
——《进击的智人：匮乏如何塑造世界与文明》

而且这个前传让我抓住了中心的中心，兴趣盎然地读完了全书。一个好的开头是吸引读者的关键，如果换个开头，这本书的魅力就大大减少了，读的人也会减少。

此外，这本书联想力丰富，善于用人类进化中的一些事情来解释我们今天某种观念的形成与一些习以为常的行为。

先来看我们的审美观。应该说，影响人们审美观的因素是极多的，不同时期、不同地区、不同习俗下生活的人，甚至同一时代、同一环境中的不同人，都有差别甚大的审美观。但人类进化中的某些事件，确实影响了我们的审美观。也许我们并不知道或者没有意识到，但进化中的事件或过程，的确在起作用。为什么人认为对称是美的？因为男性做出对称的石器，才能吸引女性。所以英国的直立人已经在制作对称的石器，而这种习俗延伸下来，就成为今天的美。同样，阳刚的男子成为美男子，丰乳肥臀的女子成为美女，都与生殖崇拜相关。阳刚的男子睾酮水平高，生殖能力强；骨盆大易于生孩子，丰乳易于哺乳养孩子，看相术中把肥臀作为"宜男相"也是这个道理。我们的审美观中隐含着人类进化的历程，这些是先人在我们身上留下的痕迹。

不同性别的人，有不同的习惯。例如，男子去商店是有目的的，想买什么东西，就直接去商店买完就回来；女士去商店没什么目的，漫无目的地逛逛，见到喜欢的就买下来。这种无意识的习惯来自石器时代男女的分工。当时男子狩猎，心中只想着要打的猎物，对其他并不关注；女子采集，要到处看看可食用的东西，就必须东游西逛，只要可食用就采摘回来。所以我们现在男女购物的习惯，实际上是上万年前男女分工养成的习惯，是一种返祖现象。习惯成自然，我们早已想不到来源了。我想，还有许多人类的习惯与历史上人类起源与演化的进程相关，这也是人类的一种连续性。读了作者的这种分析，你不觉得有意思吗？这些并不算离题的题外话，给这本书增加了趣味，让读者读来有味，正如饭中加了点调料变得好吃一样。书中这种有趣的联想还有不少。

人类的起源与演化是一个严肃而有趣的问题。我推荐这本书，只是想引起读者对这个问题的兴趣。这本书给读者一个极为粗略的框架和线索，好让人有一个极为粗浅的认识。如果想要深入了解这个问题的话，读这本书当然是不够的，这时就要读点学术性的科普著作。这里我想推荐英国牛津大学罗宾·邓巴的《人类的演化》。这本书属于科普著作，但有相当高的学术水平，读来难一点，不过也不至于读不懂，无非不能像《进击的智人》一样"读着玩"而已。

现在，基因科学已否定了人类起源的多中心论，并确定了人类起源单中心论。我们长期以来相信现代的中国人是从中国猿人、北京人进化而来的，但这是不准确的。北京人作为直立人已消失，现在的中国人仍然来自非洲。要坚信这一点，就要读点关于现代人类起源与演化的书。这正是我推荐《进击的智人》的初衷。

人类起源与演化的经济学解释
——《进击的智人：匮乏如何塑造世界与文明》

阅读推荐

河森堡 著，《进击的智人：匮乏如何塑造世界与文明》，中信出版集团，2018年。

美洲的发现对世界和美洲的影响

——《1491：前哥伦布时代美洲启示录》
《1493：物种大交换开创的世界史》
《哥伦布大交换：1492年以后的生物影响和文化冲击》

美洲的发现对世界和美洲的影响
——《1491：前哥伦布时代美洲启示录》《1493：物种大交换开创的世界史》《哥伦布大交换：1492年以后的生物影响和文化冲击》

1492年10月12日是人类史上极为重要的一天。这一天，哥伦布及其船队发现了新大陆。尽管在此之前，维京人、波利尼西亚人和漂流的渔船到过这个大陆，但他们的偶然所为既不为外人所知，也谈不上什么影响。但哥伦布的这次发现有根本的不同。哥伦布本人并不知道他发现的是新大陆，除了黄金与传教，他也没有意识到这一发现的深刻意义。这次发现从根本上改变了世界历史，被认为是中世纪与近代世界的分水岭，这次发现也是真正的全球一体化的开始。没有这次发现，欧洲的工业革命也许会推迟若干年，美洲也许今天仍然在原始社会和奴隶社会时期。历史在这一天翻开了新的一页。

只有了解这次发现之前的美洲的状况，以及这次发现对世界的意义，我们才能理解今天的世界。为达此目的，我推荐3本讲这个问题的书。因为这3本书讲同一问题，我就在一篇文章进行介绍了。这3本书是美国学者查尔斯·曼恩的《1491：前哥伦布时代美洲启示录》（以下简称为《1491》）和《1493：物种大交换开创的世界史》（以下简称为《1493》），以及美国学者艾尔弗雷德·W.克罗斯比的《哥伦布大交换：1492年以后的生物影响和文化冲击》（以下简称为《哥伦布大交换》）。

书山寻宝

一

查尔斯·曼恩是《大西洋月刊》《科学》和《连线》等多家著名杂志的撰稿人。他曾经3次进入美国国家杂志奖的决赛,也曾获各种与写作相关的奖项。《1491》获得了美国国家学院传播奖的年度最佳图书奖。从他写的这两本书,可以看出他广博的知识和轻松的文风。

在《1491》中,作者根据几十年来考古学、人类学、生物学、语言学、社会学、人种学等多学科对美洲研究的发现,构建出了哥伦布发现美洲之前,美洲原住民的生活图景,说明当时美洲已经发展出了高度复杂的文明。对哥伦布发现美洲之前,美洲及其原住民文化的了解,是认识哥伦布发现意义的起点。我们就从读《1491》开始。

作者在绪论中指出,这本书探索的是学界新见共有的3个主要焦点:印第安人的人口统计学,印第安人的起源和印第安人的生态学,这分别构成全书主体的三个部分。

在绪论中,作者用"霍姆伯格之误"来概述长期以来对美洲认识的严重错误。艾伦·R.霍姆伯格是一位博士生,他于1940~1942年在玻利维亚的贝尼省与当地原住民的西里奥诺人共同生活,在1950年发表了关于该群体生活的报告,即《长弓的游牧民族》。在报告中,他认为西里奥诺人是世界上文化最落后的

美洲的发现对世界和美洲的影响
——《1491：前哥伦布时代美洲启示录》《1493：物种大交换开创的世界史》《哥伦布大交换：1492年以后的生物影响和文化冲击》

民族之一。他们长期生活在贫穷和饥饿中，没有衣服，没有家禽，没有乐器，没有艺术或设计，几乎没有宗教。他们识数不超过三，也不会生火。他们是人类在自然原始状态的典型。霍姆伯格后来成为康奈尔大学人类学系主任。"霍姆伯格之误"就是指美洲印第安人没有历史的永恒状态的假说。这种美洲落后说主宰了近5个世纪的学术研究，并流传到高中教科书、好莱坞电影、报纸文章、环保运动、浪漫冒险书籍等大众传媒领域，从而成为一种定论。作者的全书正是要全面驳斥这种观点，并复原欧洲人来之前美洲的状况。

这本书的第一部分讲美洲的人口。作者的远祖是约翰·比林顿，他是第一批坐"五月花号"到美国的人。他们当时没带任何物资，之所以能存活下来，就是靠美洲原住民印第安人的帮助。友好而善良的印第安人教他们用小鱼施肥种玉米，使他们生存下来。印第安人的聚居地之内，是一个温暖、家庭式和风俗相似的世界，聚居地之外则是为生存的恶斗。印第安人当时的日均营养摄取已在2500卡路里左右，教育主要是塑造个性，男性和女性都被期望成为勇敢、吃苦耐劳、正直、顺从的人。在17世纪70年代，欧洲殖民者能成功，还在于人数上已超过印第安人。印第安人被天花传染而死的有1/3到一半。在1491年前，秘鲁的印加帝国是世界上最庞大的帝国，它的面积几乎包括整个南美。印加人整合这个区域的宗教、经济和艺术资源，他们用全球最大的道路系统进行运送，道路长达2.5万英里（约4万千米），也有按序列

书山寻宝

在线上打结的文字。只是这个帝国持续了不到100年就被西班牙人摧毁了。皮萨罗征服这里,有印加帝国内部分裂内斗的原因,也因为他所具有的钢铁武器及印加人从未见过的马,更重要的是天花之类的瘟疫。当时美洲有多少人呢?根据人类学家多宾斯的研究,传染病夺去了印加帝国塔万廷苏尤90%居民的生命。多宾斯还估计,约有95%的美洲人死于与外界接触后的头130年里。因此估算哥伦布前人口数的时候,要把那些年代的人口统计数乘以20倍或更多。不同的学者有不同的估算。多宾斯认为,1491年的印第安人口在9000万到1.12亿之间,换言之,大于哥伦布起航时的欧洲人口。当然,这个结论受到许多的怀疑、反对,威斯康星大学的大卫·海尼格就称其为"毫无根据的数字"。据人类学家尤贝拉克的测算,格兰德河以北印第安人口的最低点是1900年左右,为50万。如果按95%的死亡率算,北美印第安人就有1000万。提高死亡率,人口就会增加,如提高到98%,就是2500万。印第安人死于传染病,多在于他们的人类白细胞抗原种类少于欧洲、亚洲和非洲种群,而且生活习惯更利于疾病传播。

第二部分根据年代久远的遗骨,分析印第安人的起源。对人类最初何时来到美洲,考古学家、人类学家、遗传学家和语言学家充满了争论。但大多数相信,印第安社会比人们以前设想的还要历史悠久,还要先进。亚利桑那大学的博士生海恩斯用碳−14技术,确定此地1.35万年到1.29万年前有人居住。他认为在距今1.3万年到1.4万年间,古印第安人可能跨越白令吉亚(当时无水

美洲的发现对世界和美洲的影响
——《1491：前哥伦布时代美洲启示录》《1493：物种大交换开创的世界史》《哥伦布大交换：1492年以后的生物影响和文化冲击》

的白令海峡）穿过无冰走廊进入阿尔伯塔，再扩散到北美各地。印第安每一个社会都由于克洛维斯文化而扩散。这被称为克洛维斯共识。但对这种共识，存在不同看法，例如语言学提出的三次迁徙说，以及从其他考古与基因分析得出的其他结论。中美洲、苏美尔、印度河流域和中国黄河流域是人类四大文明之源。中美洲农民培育了玉米，食用海产，建造大型建筑和城市，有了政府，种植了棉花。玉米对世界影响最大，今天已成为主要农作物。中美洲曾是多个社会交互发展的社会，是美学和技术创新之地。这里种植了橡胶；有了记数与文字；创造了3种历法，一种是与公历相似的365天历法，第二种是独一无二的260天神历，另一种是从数千年前某一特定起始时间开始进行逐日记录的长纪年历。努萨维文字现存于8个手抄本之中，这些手抄本里有轮子与车轴。这说明，印第安人在美洲的出现比过去认为得早，更重要的是，他们对世界文明的贡献和其他地方的贡献同样重要，绝不是霍姆伯格所误认为的那样。

第三部分"人影闪烁的山河"，介绍印第安人的生态观。整个玛雅文明在不到百年内灰飞烟灭，成为考古学经久不衰的谜团。哈佛大学玛雅研究学家莫利认为，玛雅的崩溃源于玛雅人口的增加严重超过了其所在环境的承载能力。考古证明，他们大规模砍伐森林。环保人士认为美洲原住民是保护生态的，其实美洲原住民与其环境的互动关系是多元的。印第安人用火塑造了他们的生活环境，身携燧石、手执火炬的印第安人与自然平衡共处。

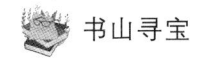

印第安人聚集居住，进行贸易等活动的土墩是纯天然形成的。在玛雅，修建梯田和水库这些对地貌的重塑，不仅带来它的扩张，也加大了各城市的脆弱性。各王国之间的战争，人口过剩，对自然资源的过度开发及旱灾，使玛雅崩溃。评价美洲及中美洲原住民文化的学者转向亚马孙河流域，这里是自然环境与人类历史互动的产物。这里说的人类，是印第安社群。刀耕火种是在诸多生态局限面前极好的应对方式，农民获得收成，土壤也不长期裸露在降水和阳光之下，受到永久性损害，轮作也不会破坏生态系统。但当人口增加时，这种方式就无法支撑一个社会，这时生态就会遭到破坏。哥伦布引发了一场自冰河时期以来规模最大的生态爆炸，在生态释放中，许多生物进入新的生态环境中，或死亡或发展，对环境造成严重破坏。重建过去的环境不可能，我们只能塑造一个未来人们可以安居的世界。

总之，作者的结论是，美洲原住民既不原始，也不落后，他们与其他地方的人类一样，创造了影响世界的文化，是欧洲人的入侵破坏了这一切。

二

在美洲圣多明各和亚洲菲律宾的马尼拉，各有一座哥伦布的纪念碑，这表明，哥伦布发现美洲不仅引起物种大交换，影响了

美洲的发现对世界和美洲的影响
——《1491：前哥伦布时代美洲启示录》《1493：物种大交换开创的世界史》《哥伦布大交换：1492年以后的生物影响和文化冲击》

美洲和世界，而且打开了东西方航路，影响了亚洲。《1493》正是讲这两种影响的。

这本书的第一与第二部分讲物种交换，即哥伦布大交换的两个组成部分：大西洋与太平洋之间的彼此分离但又互有关联的交换。第一部分是烟草及其影响。英国人罗尔夫把烟草引入英国，受到人们欢迎。同时他的船中也带了蚯蚓，蚯蚓可以疏松土壤，但也使许多物种灭绝。英国人的弗吉尼亚公司在美洲大量种烟草，同时引进了猪、山羊、牛、马和蜜蜂。烟草风靡世界，同时给美洲带来了间日疟原虫和恶性疟原虫，对美洲人的生存产生了毁灭性打击。蚊子及这些病毒引起了当地疟疾暴发，从烟草产地弗吉尼亚向北、南和西传播，直至整个北美地区。瘟疫引起的劳动力短缺成为奴隶贸易的基础。在巴巴多斯，殖民者种植甘蔗，疟疾也使这里劳动力短缺，但甘蔗利润极高，这就有了奴隶贸易。疟疫也影响了美国独立战争和内战的进程。

第二部分论述哥伦布发现新大陆对东西方贸易的影响。中国在明永乐年间就有郑和领导的7次航海。此后明允许与国外进行朝贡贸易。明代极缺货币，哥伦布发现新大陆后，开辟了东西方的海上贸易之路。于是中国人出口瓷器、丝绸等，换取西方的白银。由于西班牙在秘鲁发现了大量银矿，这里的白银流入中国。在这种贸易中，烟草也进入中国并广受欢迎。与此同时，美洲的其他产品，如甘蔗、玉米、大花生、辣椒、菠萝、腰果、木薯都进入了中国福建，它们弥补了中国粮食产量的不足。由于清政府

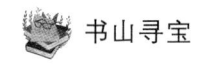

鼓励向西北移民，这些原产于美洲的作物便进入中国内地。当然，这也引起了原有生态的破坏，以及水土流失。

第三部分通过开始于17世纪后期的农业革命和19世纪中早期开始的工业革命，揭示了哥伦布交换的意义。这主要在于美洲土豆和橡胶的引进。这两次革命促进了西方的崛起，让西方成为主导性力量。没有哥伦布大交换，历史的发展也许会有不同的轨迹。土豆原产于安第斯山地区，1.3万年前已有当地人食用土豆的证据，土豆现在已是第五大农作物，它引进欧洲解决了当地的食物不足，维持了政治稳定。它也促进建立了农—工综合体：改良作物，施用高效肥料和工厂制造的杀虫剂。这正是现代农业的模式。欧洲人向美洲人学习了土豆栽培技术，土豆需要大量肥料，尤其是鸟粪，同时又容易感染病虫害，这就需要农药。这促进形成了农—工综合体。橡胶树原产于巴西，后进入中国和东南亚，现已成为东南亚生态系统的主宰。它成为工业革命的催化剂。1833年美国人查尔斯·固特异对橡胶感兴趣，他往里面加进了硫黄，英国人汉考克最终确定了硫化过程。从此，橡胶成为工业革命的三种基本材料之一。当然，橡胶业的发展也破坏了当地生态。

第四部分则回到第一部分的一个主题：奴隶贸易。哥伦布大交换中的人类部分，是由非洲的奴隶贸易支配的。在1500～1840年的贩奴活动全盛时期，有1170万非洲人被作为奴隶运往美洲。从人口意义上说，美洲与其说是欧洲的延伸，不如说是非洲的延

美洲的发现对世界和美洲的影响
——《1491：前哥伦布时代美洲启示录》《1493：物种大交换开创的世界史》《哥伦布大交换：1492年以后的生物影响和文化冲击》

伸。奴隶贸易的推动力首先在于种植园奴隶制的兴起，这种制度推动了非洲人的强制迁徙，奴隶制无意间促进了非同寻常的文化融合。美洲产甘蔗并生产砂糖，它的生产方法则是种植园农业，种植园是一种将收成在很远的地方出售的大型农场，即把产品砂糖卖到欧洲。种植园在广阔的土地上种植单一作物，需要大量劳动力。第一个种植甘蔗的种植园在马德拉群岛。这里开辟出的种植园利润丰厚但劳动力不足，农场主就购买奴隶。由于疟疾与黄热病流行，他们又要补充劳动力，这使奴隶贸易持续。欧洲人通过印第安人的组织机构进行统治，这就使欧洲人可以和印第安人通婚、融合。征服墨西哥的科尔特斯和征服秘鲁的皮萨罗都是如此。之后，这些混血儿或印第安人又与非洲人通婚，再之后各民族之间的通婚正常化。这种通婚与融合，就是由奴隶制无意间促成的文化融合。奴隶贸易的结果是大部分美洲领土被非洲人、印第安人和非裔印第安人占领。奴隶包括非洲人和印第安人，他们被剥削和压迫，命运悲惨。他们的反抗手段之一是逃亡，巴西东北部的卡拉巴尔就是逃亡者的聚居地之一。他们也进行各种暴力斗争，在墨西哥、尼加拉瓜、美国、海地、苏里南等地，只要有奴隶制的压迫，就有逃亡与反抗。

在终曲"生命之流"中，作者在菲律宾注意到，在新来的动植物中，只有很小一部分对环境或经济有害，也只有极小一部分危及生态系统，损害生态系统净化水质、滋养植物或肥沃土壤的功能。如何保护生态，的确是全球化的今天要认真思考的一个

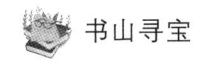

问题。

查尔斯·曼恩的《1491》和《1493》这两本书篇幅庞大，前者31.8万字，后者47.3万字，而且作者引用的资料相当多。显然他读了大量的相关著作，了解不同时代不同观点学者的观点，可以说庞杂，也可以说广博。而且作者是记者，两本书的写作风格是美国式的发散思维，知识容量也相当多，如果不认真读，就难以抓住中心线索与重点。但这两本书有其优点。一是内容丰富，读者可以了解到有关这一主题的相关知识。如想研究某一问题，则可以在注释中找相关的参考书。二是写作手法活泼，读起来让人兴趣盎然。它们不同于某些严肃而教条式的学术著作，让人读来乏味。这是作者笔法的一个好处。记者面对的是一般读者，不写得丰富有趣就没人看。可以说，它们是在通俗而有趣地讲严肃的学术问题。这两本书的社会评价相当高，也正与此相关。三是他的观点是相当客观的，更多的是提供信息、资料，读者自己可以判断。总之，这两本书对我们了解哥伦布发现美洲之前的历史，是极有帮助的。

三

了解哥伦布发现新大陆对世界的影响，还要看另一本美国历史学家艾尔弗雷德·W.克罗斯比的《哥伦布大交换》。

美洲的发现对世界和美洲的影响
——《1491：前哥伦布时代美洲启示录》《1493：物种大交换开创的世界史》《哥伦布大交换：1492年以后的生物影响和文化冲击》

前两本书的作者查尔斯·曼恩高度评价了克罗斯比对这一段历史的研究。但克罗斯比告诉他，《哥伦布大交换》写出来后，他的说法遭遇了很大的争议，以至于几乎所有主流学术出版社都拒绝了他的文稿，最后他只能在一家小型出版社出版。为此，他曾开玩笑地对曼恩说，他的书在发行时是"扔在大街上，希望读者能碰巧看见"。然而之后，他的观点得到证实，大家开始相信哥伦布的远航确实引起生态大爆炸，他提出的"哥伦布大交换"一词也成为学者常用的术语。克罗斯比今天已是环境史研究的重要开拓者，美国科学院和芬兰科学院院士，先后任教于哈佛大学、得克萨斯大学奥斯汀分校和芬兰赫尔辛基大学。他的《生态帝国主义：欧洲的生物扩张，900～1900》《美国被遗忘的传染病：1981年流感》《太阳之子：人类能源史》都成为名著且多次获奖。尽管他已去世，但影响长存。知道这些，我们就能更多地了解读这本书的意义。

这本书的副标题为"1492年以后的生物影响和文化冲击"，说明这本书是从生态学的角度来诠释哥伦布发现新大陆以后的历史的。这是读全书时应该牢记的。

哥伦布大交换指哥伦布发现美洲之后，旧世界（欧洲与非洲）的生物进入新世界（美洲），新世界的生物进入旧世界。本来是整块的陆地在分为七大洲之后，各地都有了适应自己环境的生物，形成了一种生态平衡。欧亚大陆与非洲大陆相通，仍存在生物的交流，不仅有非洲的河马、长颈鹿等进入欧亚各动物园，

书山寻宝

而且欧亚种植的作物及饲养的动物也进入了非洲。但在白令海峡水面升高之后,这个旧世界和新世界联系的大陆桥就断了,各地生物独自发展,生态环境亦各成一体了。这个突如其来的哥伦布大交换交换了什么?或者说,生物的同质化过程对新旧世界原有的生态平衡有什么影响?这正是这本书要回答的问题。

哥伦布及其同伴一开始以为他们是从另一条海路来到了亚洲,但他们发现,这里的动植物陌生奇特。旧世界常见的动植物,这里都没有,而这里的许多动植物他们从来没见过。而且这里的人也与他们见过的人完全两样,颇为奇特。生物学家华莱士考察之后得出结论:从原住民的生活习俗、动物形态一直到土地产物,如此奇异有趣,真可以称之为新世界。而且这种差异用原有的《圣经》体系和亚里士多德体系,都无法解释。

哥伦布和欧洲人的到来,无意间为美洲带来了新的细菌。有些细菌会引发严重的传染病,如天花、麻疹、斑疹、伤寒等。这些细菌在旧世界已存活了相当长时间,旧世界的人已经适应或有了免疫力,虽然被感染也会得传染病,但不至于大量死亡。新世界的原住民并没有这种免疫力,因此大量死亡。旧世界的入侵者能战胜这里的原住民,不仅在于他们的钢铁武器和原住民没见过的马,或者神话传说的光环,更重要的在于他们带来的细菌引起的疾病屠杀了大量原住民。原住民由于这些疾病死了多少人?以后的研究表明,由于这些传染病而死的原住民高达95%,所剩无几又孱弱的原住民如何能敌得过西班牙人?尽管西班牙人只有几

美洲的发现对世界和美洲的影响
——《1491：前哥伦布时代美洲启示录》《1493：物种大交换开创的世界史》《哥伦布大交换：1492年以后的生物影响和文化冲击》

百人（由此我联想到，我们现在耗费大量财力人力寻找外星人，但是他们真来地球，会带来什么病毒？因此我的结论是，不要为了好奇，花钱找灾难）。

殖民者为了适应自己的生活需求，对旧世界的植物与动物进行了改造，也对新世界植物的种植做了改变。他们在新世界的生存能力，正取决于欧化新世界动植物的能力。他们食用美洲的食物——南瓜、豆子、土豆、树薯及玉米，他们把原产于安第斯山高地的土豆，移种到过去没有土豆的美洲其他地方，还大规模种植烟草、可可、辣椒和棉花。他们历经失败，终于在美洲成功种植小麦、葡萄和橄榄树，种植从非洲引进的香蕉，以及从加那利群岛引进的甘蔗。许多花草也随同其他物品进入美洲。美洲原来饲养的动物只有狗、骆马与驼羊，欧洲人引进了猪、牛、马、羊并建成了饲养这些动物的牧场。这些动物可以食用，也有其他用途。但这些动物的疾病也传染给了当地原来的动物，使骆马和驼羊的数量急剧减少。还有一些小动物无意间进入，如老鼠。这些动物的引进对当地人的生活毁多益少。这些情况引起的殖民者财富与人员扩增，使阶级分化加深。

梅毒在青霉素问世之前，是对旧世界人危害甚大的一种传染病。对它的来源，有哥伦布带回说和旧世界原本就有说。作者认为，在哥伦布发现新大陆之前，各国的医学文献（包括中国的）并没有关于梅毒的记载，因此他支持哥伦布带回说。作者用美洲人尸骨中发现的梅毒引起的变形和费迪南德·哥伦布为其父哥伦布写的传记中的记载，证明了这一点。不仅西班牙史学家坚持此说，科学上的证据也支持此说。当社会秩序混乱、性道德崩溃时，这种病才会大规模传播。历史上有几次这样的传播，但都在1492年以后。不过在《哥伦布大交换》出版30年后的新版序言中，作者认为梅毒来源仍不确定，他不该用一章篇幅来论述哥伦布带回说。

世界人口的增加，自1492年哥伦布大发现以来已经开始，1650~1850年的200年间，世界人口倍增。人口增长的其他原因是次要的，最重要的是食物供给增长克服了马尔萨斯陷阱。这种食物供给增加来自美洲的农作物品种，新世界成了旧世界的农场。来自美洲的农作物中，最重要的是玉米、土豆、甘薯、豆类和树薯。玉米适于在许多地方种植，平均产量是小麦的两倍，对南欧和非洲都极为重要。土豆产量奇高。豆类的许多品种都来自美洲，树薯对热带地区极为重要。埃及、印度、印尼、中国等地的人口激增，都与美洲玉米、土豆等作物的引进相关。这就是说，原产于美洲的农作物为旧世界提供了充足的食物，从而引起世界性人口激增。

这种哥伦布大交换还在持续，旧世界的人们享受由此带来的福利，而美洲印第安人则继续死在旧世界的疾病下。哥伦布引入的病菌除了天花，还有霍乱、疟疾等，而美洲带给旧世界的疾病以梅毒为主。从东半球向西半球的生物迁移可以说也是好坏参半的，而这种大交换中最重要的内容是人本身。旧世界向新世界

美洲的发现对世界和美洲的影响
——《1491：前哥伦布时代美洲启示录》《1493：物种大交换开创的世界史》《哥伦布大交换：1492年以后的生物影响和文化冲击》

的移民，现在已成为美洲的主要居民。这些移民有些来自欧洲，也有来自非洲，当然还有亚洲及其他地方。移民为欧洲开辟了市场，也为欧洲创造了财富。作者对哥伦布大交换的观点是有点悲观的，也就是他说的"哥伦布大交换为生物带来的长远影响，实在不怎么乐观"。这种由于人的干预而引起的爆炸式进化，破坏了生态平衡，使生物的基因池变得枯涸贫乏。

克罗斯比这本书最早出版于1972年，距今已有近50年了。这本书出版以来，学界又有了许多新的发现，因此它的一些论断并不完全正确。他本人在2002年再版的序言中已说明了这一点。与这本书相比，曼恩的《1493》更新，也更全面，尤其后者指出的对东西方贸易的影响，是《哥伦布大交换》所忽略了的。

但研究这一问题的人，永远不会忘记这本书，克罗斯比当年提出的许多概念和观点是相当有创造性的，也因此才引起一些传统学者的批驳、反对与惊讶。"哥伦布大交换"成为一个术语，正是这本书的观点有影响力的表现。有几个观点在当时是创见，至今仍然有影响。

首先，与以往的学者不同，克罗斯比不是从贵金属开发的视角来看待哥伦布发现新大陆的意义，而是从生态角度，抓住了生物品种大交换的现象。应该说，与贵金属的发现相比，这种生物的大交换对世界的影响更大。这一点，历史已经证明。发现贵金属而致富的西班牙与葡萄牙，早已失去了往日的荣光，而由旧世界过去的小麦、牛、猪等的作用一直重要，由新世界而来的玉

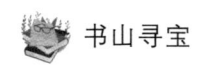

米、土豆等更是影响巨大。

其次,这本书强调了人类流动的意义。大量的欧洲移民、以奴隶身份而去的非洲人,开创了美洲今日的繁荣,也形成了美洲融合的人种和融合的文化。今天,美洲原来的玛雅文化、阿兹特克文化、印加文化已成为历史,移民创造的文化主导了美洲大地。这种现象是哥伦布大交换的最主要成果。

最后,作者没有站在欧洲人的立场,抛弃了欧洲中心论。也没有现代美国人的那种傲慢。他对印第安原住民充满了同情。他认为,哥伦布大交换给欧洲人带来了巨大的利益,而对印第安人则带来了损害。印第安人做出了贡献而没有得到回报。看看濒临绝种的印第安原住民,读者就可以理解这一点。他们永远失去了自己的家乡美洲。

对哥伦布发现美洲这种重大的历史事件,见仁见智永远存在,也永远不会有一个统一的观点。对欧洲人在美洲犯下的各种罪行,我们要正视而不能美化。但在分析这个问题时不要忘记一个重要的问题,即时代背景。那是人类历史上一个弱肉强食的丛林时代,强权就是真理。欧洲人实力强,就必然不择手段占领美洲,消灭或赶走原住民,想把美洲变成自己的家园。这个过程当然充满了血与泪。但殖民者在犯下这些罪恶的同时,也催生了今天美洲的繁荣与发展。正如恩格斯所说的,历史进步常常以恶为代价。

同时我们也要承认,欧洲人能占领美洲,还在于印第安人

美洲的发现对世界和美洲的影响

——《1491：前哥伦布时代美洲启示录》《1493：物种大交换开创的世界史》
《哥伦布大交换：1492年以后的生物影响和文化冲击》

当时太落后了。美洲原住民的确创造了许多灿烂的文化，至今令我们感到敬佩。但除了经受不了天花等疾病的冲击，他们本身的落后，也是抵抗欧洲人失败的原因之一。无论是农业还是工业，军事还是制度，印第安人比欧洲人落后甚多，根本不在一个层次上。"落后就要挨打"，无论这个说法引起人什么样的感情，它是一个客观事实。我们更多的不是同情落后者，而是要使自己强大起来。否认印第安人当时的落后状态，甚至把落后美化为先进，都不是对待历史的科学态度。

历史是一条长河，我们不能用今天的眼光来看待历史，也不能凭个人好恶来评价历史。不管哥伦布做过什么坏事，他毕竟开辟了一个新时代。哥伦布确实很伟大。用历史的眼光看历史，欧洲人在美洲犯下的许多罪行当然不能美化也不能掩盖，但必须理解其中一些进步的意义。对历史书读得越多，对历史越了解，你就越会敬畏历史。这是我读这3本书最大的感悟，与朋友们共享。

书山寻宝

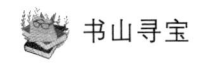

阅读推荐

查尔斯·曼恩 著,《1491:前哥伦布时代美洲启示录》,中信出版集团,2014年;

查尔斯·曼恩 著,《1493:物种大交换开创的世界史》,中信出版集团,2016年;

艾尔弗雷德·W.克罗斯比 著,《哥伦布大交换:1492年以后的生物影响和文化冲击》,中信出版集团,2018年。

多元的上海

——《异质文化交织下的上海都市生活》

民国时的上海被称为"十里洋场""冒险家的乐园""花花世界"。这些看似贬义的称呼，其实反映了上海多元文化的本质。"十里洋场"不就是各种洋文化与生活方式吗？"冒险家的乐园"——来自各地的冒险家，不就带来了各地的文化与生活方式吗？"花花世界"也可以理解为一个百花齐放的世界，来自各地的花在这里绽放，不就带来了各种芬芳吗？民国时上海的本质在于多元，只有从这个角度才能理解上海。所以，熊月之先生的《异质文化交织下的上海都市生活》对我们了解上海是十分重要的。

在引言中，作者概述了上海的多元化："近代上海，市政管理机构多元，制度多元，法律多元，货币多元，建筑样式多元，交通工具多元，人口多元，饮食多元，服饰多元，婚丧习俗多元，年节假日多元，娱乐方式多元，语言多元，宗教信仰多元，价值观多元……是一个举世罕见的异质文化交织的都市。"本书正是要介绍这种多元的起源。

书山寻宝

一

上海的多元化不是清政府有意设计的,也不是外国有意为之,而是帝国主义向全球扩张,清政府无力控制下被动开放的结果。因此,上海的多元化还要从外国人进入上海说起。

早在明末清初,已有一批外国人来到上海,他们是以利玛窦等为代表的耶稣会传教士。他们传播宗教,也传播西方科学技术,对上海影响最大的是郭居静与潘国光。虽然当时中西之间互不了解,但传教士与徐光启等文人有文化交流。

1832年,英国东印度公司派船到上海考察,当地官员按中国传统接待了他们。英商认为上海是良港,富庶、友善,中国人也很友善。这些在一定程度上影响了西方人对上海及上海人的看法。

1842年《南京条约》签订之后,以巴富尔为首的英国代表团在1843年11月8日来到上海。当时宫慕久想让领事馆建在城外,在1845年画出了英租界,实行华洋分居。以后美、法两国也设了租界。1853年小刀会起义,清政府镇压,上海大乱,不少华人逃到租界形成华洋混居,上海市政府对这里失去了管辖权、征税权,租界由工部局管理。之后,华洋共处范围不断扩大,日本也建了租界。这种华洋混居则产生了中西文化等的交流与交汇,是为上海多元化之始。

多元的上海
——《异质文化交织下的上海都市生活》

上海开埠之后，外国移民大量进入，1843年的26人，1942年时已达15万多人。这些移民来自58个国家，1915年以后日本人最多。外侨在上海主要住在公共租界和法租界，他们的职业也各有不同。英国人主要从事政治与市政管理、经济与社会文化工作，"一战"前英国在上海的投资占外资的90%。英商形成当时举足轻重的怡和、沙逊、太古和卜内门四大集团，左右上海进出口、航运、房地产、石油和公共事业等。著名的商人有中国人熟悉的哈同、沙逊等。美商以慎昌、大来、美孚为主。法国侨民不多，在传教与文化活动方面较突出，进行工业投资和经商者不多。俄国侨民在上海都市文化中占有举足轻重的地位，他们人多，且以难民为主，杂处于华人之中，文化水平高，艺术人才活跃，且以商人为主。犹太侨民是一个特殊群体，1937年前来自中东与俄罗斯，人并不多，1938年后由于纳粹迫害犹太人，大量犹太侨民逃至上海。日本侨民来得晚但发展快，大多数自成社区。此外还有印度与其他亚洲国家侨民。

这些来自世界各地的侨民，有各自不同的生活方式、不同的宗教与不同的文化，他们又必然与来自全国各地的中国人交往。这就是上海多元化的基础。

书山寻宝

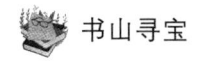

二

多种文化的并存与交织，会形成什么样的多元上海呢？

鸦片战争后，外国人在不平等条约的保护下来到中国，他们不愿意也不必改变自己的衣着、语言、礼节以适应中国，而是保持自己在母国的习惯生活。他们西装革履，男女平等，住西式洋房，使用从西方进口的各种日用品，按钟点上下班，有星期日，享受西方的话剧、马戏及各种娱乐活动。中国人从看不惯到看得惯，再到跟着学，上层人士以西方生活方式为时尚。由于租界的存在，上海的司法系统多元，先后有领事法庭、领事公堂、会审公廨和中国官府法庭这4类司法机构。

不同国家的人信仰不同的宗教。上海开埠前已经有佛教、道教、伊斯兰教和天主教等宗教，开埠以后又有了基督教新教、犹太教、东正教、袄教与锡克教，以及产生于中国北方的理教。这些宗教各有各自的教堂，从事不同的宗教活动。

货币也多元，发行货币的银行至少有18家。上海当时有众多花园，如外滩公园、兆丰花园、顾家宅花园、六三园与虹口公园。这些公园的所有者、设计者、管理者的文化背景不同，特色也不同。

生活是文化的基础，各种不同的生活方式必然产生不同的文化。

多元的上海
——《异质文化交织下的上海都市生活》

上海的外侨并不拥有一个共同的文化渊源，共同的生活空间，共同的组织管理，也不是一个有共同价值观的群体。在外侨与华人之间，也存在种族和阶级两道围墙。租界内，外侨之间有杂居也有分处，各类外侨自成社区，各国总会是他们的社交场所，也是休闲娱乐的场所。当然，这些总会是富裕阶层和权势者的乐园，中下层外侨与之无缘。外国人在各方面歧视华人，这也引起华人对他们的敌视。这种中外杂处，必然产生跨种族的婚姻。西方上层人坚持不与华人通婚，但中下层或美国人则有；中国人也反对与外国人通婚，这种婚姻或非正式婚姻仍然存在，且必然产生混血儿问题。在中外居民之间，除了疑忌、误解与歧视，也有经过深入交往而产生的理解与友谊。在西洋人中还出现了一些中国通，如英国传教士艾约瑟与伟烈亚力，还有认识到中国弊病、主张变法者，如德国传教士花之安、美国传教士林乐知。帮助中国者不乏其人，如英国人傅兰雅和英国商人雷士德。

三

西洋人带来的生活方式、日用品、科学技术、风俗习惯，都不同于中国的传统。中国人在惊讶、抵制之后，也有选择地接受了。在物质层面上是对西方物品的接受，在文化上是学外语。

在物质层面，有代表性的是照明用的灯、自来水及一些市政设施。中国人以前在室内一直使用豆油或菜油为燃料的油灯，在室外用灯笼。之后用西方引进的煤油灯和煤气灯，再以后用电灯。饮水方面，中国人过去用井水或河水，以后用了自来水。在市政设施方面，则有了洒水车、垃圾车、洋水龙（救火用）、大自鸣钟等。另外，西医、西药迅速推广，势如破竹。1844年，第一家西医诊所仁济医院开设，华人迅速接受，到1903年，上海已有西医院13所。但中医并没有消失。另一个有影响的是西餐。当年西餐被称为"大菜"，足见华人对西餐之崇尚。随之在上海的繁华路段出现了西餐馆，在上层华人中，吃西餐成为一种时尚。

在文化层面则是外语热，并创造了一种中式外语——洋泾浜。这主要是因为当时上海外企多，懂外语工作的人机会多、工资高、社会地位高。这表现在学校外语教学兴旺，无论是教会学校、租界学校、外侨社团学校还是中国官办或民办学校，都重视外语，尤其是英语教学。在上海学校中，广方言馆是上海地方政府办的重在学习外语的学校。中国近代外交人才中位至公使者，有9人毕业于此校。在上海英语教学中，影响最大的是圣约翰大学。各种外语培训班长盛不衰，如英华书馆与上海同文馆。在不通中文的西人和不通英文的买办、仆人和中国商人之间，就出现了洋泾浜。这种英语由广东一带传入上海，因为易于沟通中外，在普通人中广为流行，被作为粗俗的标志，也闹出过许多笑话。

多元的上海
——《异质文化交织下的上海都市生活》

四

上海开埠后,华洋关系既有矛盾、斗争的一面,也有协商、合作的一面。这种关系也是上海多元的一种表现。

尽管上海1848年发生过"青浦教案"等事件,但无论官方还是民间,华洋关系还是比较和谐的。上海地方政府在治安、市场建设等方面,还与租界当局进行了合作。这表现在资助租界巡捕费用;在租界治安方面进行合作,联合禁止赌场;联合进行洋泾浜河疏通和造桥工程;其他市政工程合作;预防传染病与卫生管理工作。其中有两次重大行动,即联合对抗太平军与"东南互保"。联合对抗太平军主要有两次,一次在1860年李秀成攻陷苏州时,另一次是1862年太平军攻陷浙江多地后李秀成部署进攻上海时。义和团运动期间,东南互保既防止英国和其他国家对长江流域的侵占,又在不得罪这些国家的情况下,使它们不参与清的对外宣战,维护了长江流域的稳定。在文化上中外合作的典型是格致书院和中国女学堂。在外交上,上海道台主动联络外宾,尽地主之谊,如接待英国皇孙,举行舞会,参与接待美国前总统格兰特、美国陆军部长达夫提,又在上海开埠50周年时举行庆典。这种合作使外国人也自称上海人,有利于上海的繁荣、稳定,同时也加强了中外之间的交流,使上海的多元中显示出和谐的一面。

当然,在各个帝国主义强大,亡中国之心不死时,中国政府要保护中国的主权,在许多问题上矛盾与抗争自然不会少。第一次冲突是四明公所事件。四明公所是宁波同乡会,成立于1797年,这一地区后来被划入法租界。法租界公董局要求购买四明公所地,平去坟墓,但四明公所拒绝,双方发生冲突。第一次冲突中有6名上海人被打死,20人受伤;第二次冲突中又有17人被杀,20多人受伤。这些冲突的焦点在于法方恃强欺弱,也有双方缺乏理智与协商的原因。第二次冲突是1888年的《点石斋画报》刊登了所谓西洋人缩尸、煮尸、分尸、碎尸的海外奇谈,引起欧洲驻京公使不满,此事经双方谈判而解决,反映了双方在观念上的差别。第三次冲突是1893年10月19日上海机器织布局发生特大火灾,租界的救火会接警而不救,引发舆论谴责。第四次是1897年的小车工人抗捐事件,而且这次抗捐得到了上海政府的支持。第五次冲突的起因是捕房抓捕被通报拐骗女孩的黎黄氏,该案由会审公廨审理,中外官员意见不一,引发大闹公堂案。中方人员的意见得到了中国官员的支持。第六次是外滩公园禁止华人入内引发的冲突。1881年,怡和洋行买办唐茂枝等人入园被阻,引起唐的抗议与报刊抨击,但工部局虽短暂允许上等华人入内,但以后对公园的管理又严起来。在公园问题上,当时舆论还是主张内省公德、外争权益的。这是20世纪30年代后形势变化的结果。这些事件反映了租界工部局与华人居民、工部局与领事、上海政府与民众、上海政府与公所等社会组织,工部局与上海政府之间复

多元的上海
——《异质文化交织下的上海都市生活》

杂的关系，说明了多元制度的矛盾。

五

租界不受中国政府直接管辖，这就使中国大一统的政治出现了一道缝隙。这道缝隙不大，但成为不同政见者可以利用的空间，这对中国文化与思想产生了不容忽视的影响。

在英租界墨海书馆任职的王瀚因为太平军谋划，被清政府追捕，但在英国人的保护下逃至香港，化名王韬。康有为、黄遵宪、龚超这些参与维新变法者也在租界的保护下平安出走。反清的《苏报》在租界被轻判——假冒孙中山的钱宝仁使《苏报》报馆馆主陈范把《苏报》从政治色彩不浓的报刊，变为激进的反清媒体。上海租界还是清末遗老在辛亥革命之后的避难之处，著名的盛宣怀、瞿鸿禨、陈三立、严复等都住于此，受到保护。由儒商张叔和修建的张园在1885年对外开放后，成为上海最大的公共活动场所。除了各种文娱活动，这里也是上海各界集会、演说的场所。这种集会演说有公开性、开放性与参与性，为各种思想的传播提供了阵地。

上海实际上是世界性与地方性、摩登性与传统性、先进性与落后性并存的地方。上海的民众文化，包括报刊、文娱活动、电影、艺术等方面，都借鉴或引自国外，具有开放包容的世界性。

但来自各地的人有自己的会馆、公所，保持了家乡的习惯。上海文化中的摩登性表现在花卉展览、评比活动、杂技表演、马戏团表演、载人气球表演等相当时尚的活动。但也有一些活动具有强烈的传统性，如城隍出巡、盂兰盆会、道教的太平公醮、富龙会等。其中还有乡情之谊。上海是中国最大的城市，有各种现代城市基础设施，但居民大多为刚刚离开土地的农民，这就使它仍然像一个乡村。作者总结上海的特点是："世界性与地方性并存，摩登性与传统性并存，贫富悬殊，高度分层，这使得近代上海市民文化呈现驳杂奇异的色彩，有中有西，有土有洋，中西混杂，现代与传统交叉，都市里有乡村的内容和基因。多元、混杂，这就是近代上海民众文化的特点。"我认为这是对上海文化精辟的总结。

上海有许多外侨，他们在"二战"的非常态下生活状态如何呢？写上海时也不能忽视这一点。上海有几十个国家的侨民，世界上的许多事都会在这里激起反应。"一战"中，英德移民就由于战争而由友善变为敌视。"二战"中，尤其在日美开战后，日军占领上海公共租界，并设立盟国侨民集中营，关押6000多人，防止侨民反法西斯活动，历时2年7个月，是外国侨民苦难的一页。在集中营中，侨民的个人自由被剥夺，物质生活困难，反抗与逃跑都会受到严厉惩罚。

上海最大租界的存在以及由此引起的多元，产生了示范效应、缝隙效应、孤岛效应与集散效应，这些对中国的影响是重

多元的上海
——《异质文化交织下的上海都市生活》

大的。

六

我之所以推荐这本书,是因为想推荐"上海城市社会生活史丛书"。我认为这是一套极好的城市生活史研究。据我所知,这套书除了第二批,共计25种。我购买并读了这个丛书中的20种,读过后深感进一步了解了历史上的上海,也更好地了解了今天的上海。就整套书而言,我认为,首先这是一项极其重要的研究工作。每个城市有自己的历史、自己的特色,把这些记录下来极有意义。可惜进行了这方面研究的城市还不多。如对北京的系统研究也相当多,但据我所知,还缺这样的一套书。感谢上海社科院和其他单位为此做出的努力。

其次,这个丛书的内容相当广泛,包括了上海生活的方方面面,能从整体上反映民国时上海的状况。不仅有政治、经济、社会、各阶层人相关的内容,连女性自杀、唱片这样的小问题也有。从中我们可以更细致地认识上海。

最后,这些著作都写得极为认真,资料丰富,观点鲜明而客观,经得起推敲。整个丛书是一个系统,每本书既保持了系列风格的一致,又不乏自己的特点。每本书都既有学术的严肃性,又有可读性,做到了雅俗共赏,老少皆宜。

书山寻宝

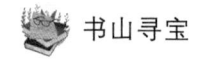

在读这个系列时，我选这一本来推荐，也不是偶然的。我认为这本书是整个丛书之纲。认识民国时上海的关键在于认识其多元性，只有读好了这一本，才能更好地阅读其他书。这本书全面细致地研究了上海的多元化问题，是整套书的纲，纲举才能目张。熊月之先生作为整套书的主编，担纲写这本书是极为合适的。而且这本书的学术性和趣味性的结合，也是其他书的代表。即使时间再紧，要了解民国上海，起码要读这一本，其他的可按自己的兴趣与需要选择，但这本不可不读。

当然，对这本书和这套文丛，我也有一点建议。上海的多元不仅来自世界各国，也来自全国各地。特别是广东人和宁波人对上海的贡献是极为重要的。我有个观念，上海是全国人的上海，而不是上海原住民的上海，上海的历史有各国人民的足迹，也有全国人的足迹。尤其是广东人和宁波人。

以广东十三行为代表的粤商，是中国最早睁眼看世界的人。他们在与西方人的交往中形成了开放的观念。鸦片战争后，他们失去垄断外贸的优势，于是就带着资金进入上海。在上海早期的开放中，他们起到了至关重要的作用，可以说是上海成为开放城市的奠基人。上海的第一代买办是广东人，上海的洋泾浜来自广东，当年的上海话也流行广东味，粤菜一度风靡上海。上海曾被称为小广东。上海的多元少不了广东人这一元。

作为近代一个重要商帮的宁波帮，是把经商中心转到上海，才实现了成功的转型，是继广东人之后最重要的上海开拓者。他

多元的上海
——《异质文化交织下的上海都市生活》

们中的许多人成为上海滩的名人,如朱葆三、虞洽卿等。许多人从当买办起家,创办了中国最早的民族制造业和金融业。上海的多元也少不了宁波这一元。

从这些认识出发,我觉得熊先生在这本书的前面,可以介绍一点广东人和宁波人对上海发展、上海多元化的历史贡献。这样可以突出上海的多元不仅是中外多元,也有国内各地人的多元。就整套文丛而言,我认为应该加上"广东人在上海"和"宁波人在上海"。全国其他地方的人在上海的影响力,也许没有广东人、宁波人大。这两本书也可以请广东或宁波的学者写,当然,由上海人写,更能体现上海集体项目的特点。

我的这些想法很不成熟。不过我太爱这个丛书和这本书了,希望它达到更高的水平,成为研究城市史甚至研究历史的一个典范。再好的东西也没有顶峰,永远在不断完善。我希望再读到这套文丛更多的后继之作。

阅读推荐

熊月之 著,《异质文化交织下的上海都市生活》,上海辞书出版社,2008年。

倭寇的来龙去脉

——《倭寇：海上历史》

一本不到8万字的书讲清了在中国史、日本史、朝鲜史，甚至世界史上重大而有争议的倭寇问题，你相信吗？不信，就读《倭寇：海上历史》这本书。

一

《倭寇：海上历史》的作者是日本历史学家田中健夫。田中健夫先生1923年出生于日本群马县，毕业于东京帝国大学（现东京大学）文学部国史科，先后任东京大学史料编撰所教授及东洋大学教授。他是研究中世日本对外关系与东亚国际关系史的历史学家，著作颇丰，与倭寇相关的著作除本书外还有《倭寇与勘合贸易》。

田中健夫研究的一个特点是"反潮流"。"二战"前日本思想界的主流是军国主义，为日本对外侵略扩张服务，历史学界也形成了以颂扬日本"国威"为正统的"皇国史观"。"二战"后，日本并没有像德国一样反思自己的侵略罪行，所以"皇国史观"仍有影响力。体现在对倭寇的研究中，就是认为倭寇的历史是日本人在海外的辉煌开拓与发展的过程。田中健夫反的正是这一股潮流。他根据自己几十年的研究，摒弃了这一为日本军国主义服务的倭寇观，从东亚史乃至世界史的视野来考察倭寇的活动，用不到8万字的篇幅，简明扼要地描述了持续3个世纪之久而又极为复杂的倭寇活动的全过程。他的观点已得到学术界越来越广泛的认可。他客观务实的倭寇研究，对我们中国史学界和广大读者都有意义。

在前言中，作者指出，倭寇这一名词见于中国与朝鲜文献，日本文献中没有。倭寇一般有14~15世纪的倭寇与16世纪的倭寇。它是以东亚沿海各地为舞台的海民集团的一次大运动，不仅有日本人，也有中国人、朝鲜人和欧洲人。它其实是一个东亚史或世界史的问题。他们的活动包括掠夺行动、残暴行为、贸易活动、文化交流等，丰富多彩。它以东亚各国国内原因为基础，以国际关系的不正常为导火线而发生，在中国大陆、朝鲜半岛、日本列岛、琉球群岛、中国台湾、菲律宾、南洋各地区留下了深刻的痕迹和罪行，也在一定程度上影响了这些地区历史的发展。讲中国明朝徽商中的王直（汪直）集团的海盗或海上活动，就离不开倭寇这个问题。倭寇也是许多影视作品、戏剧、小说中不可缺的角色。所以无论研究中国历史还是创作文艺作品，都必须了解真实的倭寇。这本书给我们讲述了一个真实倭寇的历史。

倭寇的来龙去脉
——《倭寇：海上历史》

二

先要对倭寇有一个概括性的了解，这就是这本书的概观部分。

据作者考证，倭寇这个词最早出现在位于中国吉林省集安市的国冈上广开土境平安好太王碑上。这个碑有倭寇及百济与高句丽交战的记载。广开土王十四年（404年）甲辰条有"倭寇溃败，斩煞无数"一句。但这里的倭寇是指日本侵略军，倭是中国、朝鲜对日本的鄙称。中国正史中，《旧唐书》以前都称日本或日本人为"倭""倭人"或"倭国"，《新唐书》以后则称日本。不过各种野史及民间口头仍称日本为"倭"。在李氏朝鲜文宗元年（1451年）编的《高丽史》中，高宗十年五月有"倭寇金州"一句，"寇"在这里是表示掠夺入侵的动词，"倭寇"并不是一个名词。《高丽史》等史料则记有"倭寇之兴，始于此"，由此作者判断，倭寇作为术语被确定下来，是在14世纪中叶以后。

尽管直到近代仍有倭寇的记载，但倭寇活动最活跃的时期，是14~15世纪以及16世纪两个时期。但这两个时期的倭寇并不相同。14~15世纪的倭寇主要在朝鲜半岛活动，多是日本人，也有不少朝鲜贱民参加，其原因既有日朝关系的演变、蒙古兴起、朝鲜内乱，又有日本发生南北朝内乱，北九州的幕府武士"御家人"和农民的贫困等原因。这一时期倭寇的活动主要是掠夺人口与粮食。16世纪的倭寇活动范围在东南沿海,主要是中国人,主要原因是明代国内经济发展与海禁政策。有了这些基本概念,读者才能理解全书的内容,抓住倭寇问题的本质。

三

先来看14~15世纪倭寇的发生与活动。

1350年是倭寇历史上具有重要意义的一年。据《高丽史》等书记载,这一年日本人入侵朝鲜多地,此为倭寇之始。以后又有多次倭寇入侵,以抢粮食为目的。

11世纪以来日本就与朝鲜有贸易活动,但朝鲜对此进行了严格限制。到13世纪时,高丽在与蒙古的交战中耗尽了力量,国力衰落,贸易中断,导致倭寇活动加剧。蒙古入侵朝鲜,元朝建立后,双方联合入侵日本。之后,元朝又与高丽发生战争,高丽国陷入疲惫状态。到高丽王朝倒台的1392年,倭寇对朝鲜的骚扰持续了约40年。1352~1374年是倭寇活动大规模化的时期。这时倭寇的特点是:目标在于掠夺粮食等生活必需品,主要掠夺运粮的漕船与储粮的官库;不仅骚扰朝鲜南部沿海,还多次进攻首都开京(开城)附近;倭寇船只从20余艘发展到400余艘,人数达3000人。抗倭将领李成桂之后创立了朝鲜李氏王朝。以后有许多

倭寇的来龙去脉
—— 《倭寇:海上历史》

朝鲜贱民与倭寇联合。高丽王朝与李氏朝鲜都曾力图通过外交途径禁止倭寇。倭寇进入朝鲜内地后受打击更多。这时朝鲜对倭寇实行怀柔政策,使之归顺,他们不仅有了土地,还娶妻生子,个别甚至还在朝鲜当官。朝鲜还许可日本人通商,接受日本移民,寻求通商的日本人被称为"使送倭人",经商的被称为"兴利倭人"。这时倭寇转化为"投化倭人"。余下的海盗停止在朝鲜的掠夺活动,转向中国大陆。

元朝时存在有限的日元贸易。元朝高僧带着典籍来到日本,把汉诗、汉文、儒学、史学、书道、绘画等带入日本。但元时的倭寇活动也相当活跃。这时的倭寇聚集在设有市舶司的庆元附近,贸易不顺利时才掠夺,目标是对抗不利的通商条件,与朝鲜半岛倭寇激化无关。到了明代,朱元璋为应对海盗,充实了沿海防御,同时通过外交使日本臣服,成为朝贡国家。但由于与胡惟庸事件相关的林贤被认为勾结日本人夺明之权,明与日本断交,并实行海禁政策。日本足利义满成为室町幕府将军后,明成祖朱棣与足利义满交涉,实现了日本加入以中国为中心的国际秩序和日本禁止倭寇的目的。

由于朝鲜、明朝和日本室町幕府采取的政策,倭寇走向没落。倭寇受到的最大打击是永乐十七年(1419年)入侵辽东望海埚,几乎被全歼的望海埚之战,以及朝鲜军队攻击日本对马岛的应永外寇。之后,朝鲜与对马之间建立了友好关系。此后,明朝、朝鲜和日本之间和平交往,倭寇停止了活动。但倭寇入侵造成的创伤仍然存在,倭寇在中国人心中留下了极坏的印象。

四

倭寇另一段活跃的时期是16世纪,即中国的明朝中后期。

这次倭寇复兴的背景主要是明朝的对外政策。对国外,明实行朝贡贸易,开放广州、泉州与宁波,设政府管理机构市舶司,贸易由政府控制。对内实行海禁制度,禁止中国人出海与外国人接触。这导致了走私贸易的活跃,而且这种走私活动得到现职与退职官员即乡绅的支持。他们也参与走私,破坏了海禁制度。其次则是1492年哥伦布发现美洲之后,打开了通往东方的航路,欧洲船只进入亚洲,葡萄牙人进入中国。白银通过走私进入中国。所以,海禁政策与葡萄牙人入侵,是倭寇发生的重要导火线。

这时,浙江宁波的双屿港成为走私贸易的基地。最初是福建人邓獠以此地作为走私基地,吸引各国商人来贸易。之后这里被徽州歙县的许栋兄弟占据,他们的同伙还有李七、王直等人。这些走私商人来往日本,与倭寇有所接触。嘉靖二十七年(1548年),由于浙江巡抚朱纨的镇压,双屿港被毁。但由于乡绅以及官员从走私中获利,朱纨因此被削官而自杀,海禁又放松。

双屿港被毁后,走私者加强了武装,越来越凶暴。这时走私者的头目是王直。他在嘉靖二十四年(1545年)来到日本,归国

倭寇的来龙去脉
——《倭寇：海上历史》

时带了助才门等3个日本人。此后，日本走私贸易者到双屿与中国人、葡萄牙商人贸易，开始了被称为倭寇的一系列活动。双屿被毁灭后，王直到日本称王，设立了根据地，他与从子王汝贤、养子王澈成为最大的倭寇首领。他们作为走私贸易的调停者，也为走私商人提供服务与保护。他还与博多与萨摩的日本人建立了密切的关系。王直引日本人到舟山群岛进行贸易，对抗其他海盗，勾结中国官员、乡绅、富豪，把沥港变成走私基地。嘉靖三十二年（1553年），俞大猷等扫荡了沥港，王直等人逃回日本平户港。在王直以沥港为基地时，倭寇活动在中国沿海已极为猖獗。其中主要还有徐海、陈东和叶明（麻叶）等。这时的倭寇以王直、徐海为中心，与中国海上商团和当地居民，以及日本人、葡萄牙人合作。倭寇从嘉靖三十年持续到嘉靖三十五年。

明朝先后任命王抒、李天宠、张经、周珫等抗倭，但都不成功，倭寇曾在浙江、安徽骚扰，并入侵南京。明朝又派郑舜功、蒋洲、陈可愿出使日本，希望日本禁倭。之后，浙江总督胡宗宪诱使王直投降，王直最后被杀（关于此事可以看高阳的小说《徐老虎与白寡妇》）。此后，叶宗满、王汝贤、王澈等均告失败。尽管倭寇仍在福建月港与广东潮州活动，但残余被戚继光等人打败，倭寇不得不又转向中国台湾、菲律宾、南洋一带。随着隆庆元年（1567年）解除海禁令，残余的倭寇活动走向结束。

这一时期，倭寇中有不少是中国人。《明史》中说，"真倭十之三，从倭者十之七"。"从倭者"即被掳之中国人，"真

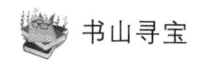

倭"实际上也是由中国人雇募而来的。他们的活动范围在中国东南沿海地域。倭寇也进行贸易,从中国输出日本所需的丝、布等物品,日本用白银支付。倭寇所用的船是中国式帆船,平均载员二三十至六七十。

《倭寇图卷》描述了倭寇风俗,《古今图书集成》和《异称日本传》《日本国考略》《日本图纂》与《筹海图编》《日本一鉴》《日本风土记》这些书,反映了中国人对日本认识的扩大。

作为附录,本书还列出了"倭寇在高丽、朝鲜的行动次数""倭寇在明朝的行动地域与行动次数""倭寇关系年表",以及丰富的参考文献。

五

一本不足8万字的书,对东亚和国际关系中十分重要的倭寇问题做了观点鲜明、条理清楚而又资料丰富的研究。这本书对倭寇的起源、分期、原因、危机等都有深刻的分析。

还应该指出的是,倭寇形成与发展的主要原因之一,是明政府的海禁政策。当时的人已经认识到,海禁存而海盗生,海禁废而海盗灭。海禁使正常的商民变为倭寇,这就是逼民为盗。王直等人都是希望从事有利的对日贸易的,但海禁逼他们成为倭寇头目。各种武力镇压都无法消除倭寇,但隆庆元年废海禁之后,倭

倭寇的来龙去脉
——《倭寇：海上历史》

寇就不存在了。从倭寇现象，我们可以认识到中国各代闭关锁国政策的反动性。只有开放与全球一体化，才有人民的平安与经济的繁荣。我们不能仅看到倭寇的罪行，更要关注引起这些罪行的根源。

读这本书的过程中，我对日本学者严肃认真的学术态度深为敬佩。日本军国主义思想一直严重，甚至主导学术研究。许多学者的研究也为这种思潮服务，历史学界的"皇国史观"就是一例。但仍有一些学者坚持严肃客观的研究，不为主流意识形态左右。这是日本有许多高水平研究成果，为世界学术界瞩目的原因之一。本书作者田中健夫先生，就是这样一位令人敬佩的学者。

不可否认，20世纪早期日本的一些研究出于侵略中国的需要，亦有不少对中国历史的歪曲，但有不少研究与成果还是严肃的。内藤湖南的《唐宋变革论》对国内外中国史的研究，都有不可低估的影响。他的弟子宫崎市定对中国史的研究，也令我们惊叹。讲谈社一套10卷本的《中国的历史》在国内出版后，很有看头。我研究商帮文化时，就经常看到日本人对中国商帮，尤其是晋商和徽商的出色研究。中国史毕竟是我们中国的历史，而且社会科学研究不需要先进的设备，所要求的只是学者的史观和勤奋。

书山寻宝

阅读推荐

田中健夫 著,《倭寇:海上历史》,社会科学文献出版社,2015年。

走近开放的粤商

——《大国商帮:承载近代中国转型之重的粤商群体》

在明清10大商帮中，晋商、徽商等商帮都以从事国内贸易为主。即使晋商从事了国外贸易，他们在思想上也是保守的、封闭的；而广东的粤商以国外贸易为主，思想上是开放的。在这次推荐的书《大国商帮：承载近代中国转型之重的粤商群体》（以下简称《大国商帮》）的自序中，作者杨黎光先生写道："浩瀚的蓝色大海使粤商获得了有别于徽商、晋商成长的经历与精神气质。他们始终处于中国对外开放的最前沿，得益于海上贸易，也致力于对外开放。他们的成败兴衰，既反映了中国沿海商人面临世界大局变幻时的调适和应对，也折射出了中国维新变革的艰难与成就。可以说，粤商的演变史，浓缩了传统中国努力融入世界潮流，追求现代化的卓越历程。"本书从历史与地理角度分析了粤商开放的原因、历程，所体现的精神气质，以及对中国走向现代化的贡献，可以让我们走近粤商，了解粤商，并进一步理解在改革开放中，广东企业家敢为天下先的历史渊源。

📚 书山寻宝

一

粤商之所以不同于明清时代其他商帮,具有开放的精神,是有其历史与地理原因的。这就是这本书把海洋与商人结合在一起,分析粤商开放的背景。

中国有漫长的海岸线,也有悠久的经商历史,但自秦朝建立了专制体制之后,中国人就崇拜土地,忽视海洋,重农抑商。这使中国形成了与西方不同的发展路径。在近代,粤商成为第一代睁眼看世界的人。

在这种忽视海洋、重农抑商的文化环境中,粤商能成为开放的弄潮儿,取决于它独特的历史与地理特点。中国是一个统一的国家,有共同的文化,但由于不同的地理人文特点,也形成了不同的地方文化。面向海洋、重视商业,正是广东独特的地方文化。这种文化的形成要从它的地理与历史说起。广东以前被称为岭南,面向大海,同时崇山峻岭形成一道天然屏障,阻碍了它与中原的交通,在古代,这里被称为"蛮夷之地"。所以"受地理因素影响,岭南大地自古便是中国的一个特殊存在。它既与中原内陆遥遥相连,被早早纳入了大中华的文明板块,又因山重水隔,濒临南海而呈现出有别于中原内陆的精神气质。"抓住这一点,正是理解粤商及其对中国融入世界一体化关键作用的中心。

华夏民族开发岭南,是从秦朝开始的。公元前214年,秦将

走近开放的粤商
——《大国商帮：承载近代中国转型之重的粤商群体》

领屠睢、史禄、任嚣、赵佗等统一了岭南。任嚣为首任南海郡尉，郡治就是今天的广州。以后各代，不断有汉人为避战火而南迁，创造了自己的农业文明和商业文明，岭南进入由华夏民族主导历史发展的阶段。这就使它形成既属于中华文明又有自己特色的文化。铁器的普遍使用、农业技术的传播与造船业的兴起，加快了岭南社会文化发展。由于面临大海，它又与波斯等国有了贸易往来，形成最早的海上丝绸之路。

任嚣病故后，赵佗接任，秦灭之后，赵佗兼并桂林郡、象郡，与岭南合为南越国并独立。直至公元前111年被汉武帝所灭。魏晋南北朝时期，偏安南方的汉人政权重视对外贸易，广州汇聚了东南亚各国、天竺、波斯、阿拉伯、大秦的商人，对外贸易兴盛。隋、唐时，这种贸易延续下来。唐设广州都督府，管辖广东、广西的13个州，海外贸易获得大发展。宋代是中国经济、科学、文化的一个高峰，造船与航海技术的发展促进了海外贸易。尤其在南宋之后，对外贸易受到鼓励，广州成为国际大港。但蒙元时期，岭南社会也进入了一个黑暗的阶段。

从秦汉到蒙元，是既属于中华文化又有自己特色的岭南文化形成的过程。但粤商的形成背景，主要还是明清时期国内与国际形势的变化。

明代是中国商帮形成的时代，也是世界大航海的时代，粤商正是萌芽于此时。要理解粤商的形成就必须知道，粤商作为中国的商帮之一，是本土经济尤其是本土商业发展的结果，还

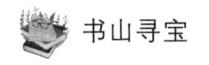

要知道，粤商也是世界大航海、东西方文明碰撞的结果。通过《马可·波罗游记》，西方人了解了中国。西方一直崇尚海洋经济、蓝色文明，经历了中世纪的"黑暗时代"，从文艺复兴走向现代化历程，开始了寻找中国与东方盛产的香料和黄金的大航海时代。明代，朱元璋对中国东南沿海实行海禁，在北部修建长城，封闭自守达到了极致。沿海人民无论捕鱼还是贸易，都以海洋为生，但海禁逼迫他们走上海盗之路。明代的所谓"倭寇"，实际有不少中国人。明代广东手工业、商业的繁荣，要求开放商业贸易，明政府不得不恢复"朝贡贸易"（书中称为"贡舶贸易"），之后又恢复了广州的市舶司，管理广州地区的对外贸易。永乐年间又取消了官设牙行的禁令，中外贸易通过牙行进行，而牙行正是之后粤商主体十三行的前身。东南沿海，尤其是广东，开始分享海洋赋予的文明。但朝贡贸易是一种国家对贸易的垄断，限制了民间贸易，郑和下西洋也并不以扩大贸易为目的。西方人的大航海遍及世界各地，16世纪葡萄牙人占领澳门，正如十三行历史研究权威梁嘉彬先生所说"实为泰西通市之始"。这也是中国与世界接轨的第一个切入点。

在西方自由贸易政策的冲击之下，朝贡贸易面临崩溃。名为海盗实为海商的王直集团、郑芝龙集团在海上崛起，冲击着明王朝的稳定。于是广州出现了类似今天广交会的"定期市"，一年两次，中外商人来此进行交易。"定期市"是广州十三行商人萌生的土壤。当时政府负责外贸的广东海道副使汪柏设立"纲

走近开放的粤商
——《大国商帮：承载近代中国转型之重的粤商群体》

首"，对众多牙行及经纪人进行组织、管理，统揽对外贸易。"这些牙行游走于外商与内商之间，作为买卖中介评定货价，牵线搭桥，在双方交易过程中收取行用钱，即所谓'牙钱'。作为中外商舶贸易的关键环节，他们实际承担起了市舶司的部分职能，成为沟通中外，保证买卖公道，维护市场秩序的新兴商人集团。"他们就是以后十三行的来源。清代初期实行让沿海居民内迁30~50里的迁海令，但葡萄牙、西班牙、荷兰、英国先后谋求与中国贸易，迁海令阻挡不了这个世界潮流，开放的粤商时代来临了。

二

如前所述，粤商的主体是十三行，上一节也说明了十三行起源于明代牙行，并在"定期市"的发展中奠定了基础。作者从第五章起，就开始围绕十三行介绍粤商。以十三行为主体的粤商是中国走向全球化、现代化的参与者与推动者，这正是粤商不同于其他商帮的本质特点。

清政府的迁海令抵挡不住经济利益的诱惑，因此民间出现了走私贸易。平南王尚可喜、尚之信父子就以藩王的身份走私。康熙认识到贸易可增加税收，1685年开始设海关，有江苏（云台山）、浙江（宁波）、福建（漳州）、广东（广州），其中粤海关最重要。这正是十三行崛起的开始。随着外贸的发展，十三行决定联合起来在1720年建立统一的公行组织，制定了13条公行行规，行商已发展到16家。乾隆二十二年（1757年），清政府明确规定只有广州一地可以通商，而且外商只能通过十三行经商，这就确定了广州及十三行在外贸中的垄断地位。十三行是官商，他们既有商人的身份又有官员的身份，所以行商都被称为某官，如潘振承为潘启官，伍秉鉴为伍浩官等。他们不仅经商，还代表政府处理各种"夷务"。这就是说，"十三行行商不仅垄断了中外贸易，也负责经办具体外交事务，具有外贸与外交的双重职能。他们跨越政商两界，周旋于官府和洋人之间，他们既要尊重中国国情，又要明悉世界大势；他们不仅是中国的商业精英，也是对外进行政治、文化和科学交往的先驱"。这也决定了他们能通过垄断外贸获得高额利润，但要在政府与洋人之间受"夹板气"。

英国和其他外国商人接受这种垄断的贸易体制，还在于他们对中国产品的需求，尤其是茶叶。当时英国从王室到下层社会，都已形成饮茶的习惯，茶叶的出口超过瓷器和丝绸。到1770年，茶叶出口已从最初的几百磅激增到900万磅，十三行垄断了茶叶出口，当然成为巨富。虽然名为十三行，但它并不一定正好是十三家行商，有时多于此，有时少于此。其中有代表性的是两大行首，一个是潘启官，包括潘振承、潘有度和潘正炜三代，另一个是伍浩官，包括伍秉鉴、伍绍荣两代。潘启官的洋行名为同文行。伍秉鉴的父亲伍国莹原为同文行的账房先生，后来在潘的同

走近开放的粤商
——《大国商帮：承载近代中国转型之重的粤商群体》

意之下开设了自己的怡和行，成为独立的行商。潘、伍两家先后担任十三行行首，当年的确富可敌国。伍家的财富在1834年已达2600万银圆，伍秉鉴亦被评为世界千年来50名最富有的人之一。他拥有国际视野，投资外国，且慷慨大度，以礼待人，受到各国商人尊敬。当年广州亦是最开放的城市，还生产专供外销的瓷器和画。潘、伍等行商还投资文化，兴办文澜书院，并建立医院，引进牛痘接种技术向全国推广；他们又在博济医院之下设博济医学堂，孙中山曾入此校读书；他们还引进印刷术，印行数学、地理、医学方面的著作。十三行推动了中外文化交流，并引进了先进的西方科学与技术。

但清政府设粤海关，允许十三行存在并发展，目的并不是富国强民，而是为一己私利。粤海关的钱并不属于国库，而是天子的"南库"。由于清政府各级官员对十三行的压榨，十三行要承担的苛捐杂税日益繁重，十三行的行商有许多破产，甚至被抄家或流放，家破人亡。到道光九年（1829年），能清偿债务的只有伍家怡和行、潘家同文行和谢家东裕行。另一方面，清政府极端封闭保守，规定了许多限制洋人的条条框框，但实际执行者是十三行。十三行夹在政府与洋人之间，洋人不满对自己的限制，把怨气发在十三行身上；政府又毫不通融，指责十三行媚外。林则徐来广东禁烟，洋人拒绝，林只好抓了伍秉鉴的儿子伍绍荣，伍家两面不是人。在专制体制之下，十三行尽管靠垄断外贸发财，但这些财富被各级官员掠夺，且他们要在无决定权的情况下与洋人打交道，其处境可想而知。他们的境遇，正是专制体制下商人的写照。表面风光的十三行行商，有无以言表的苦衷。

三

鸦片战争结束之后，中国由广州一口通商变为五口通商，十三行垄断对外贸易的时代结束了。但粤商并没有解体，而是以开放的眼光看到了未来上海的前景。于是粤商中的人才与资金来到上海，成为第一代上海开拓者。他们在上海的开拓事业就是粤商的继续。从这层意义上说，鸦片战争并没有摧毁粤商，而是使他们化蛹为蝶，走上了一条凤凰涅槃之路。

鸦片战争后，英国人进入上海，但清政府抵制英国人。在这时，一个姓顾的广东商人接待了英国第一个上海领事巴富尔，并把自己的房子租给他当领事馆。但对粤商进入上海起了关键作用的是吴健彰。吴出身贫寒，白手起家，在1845年左右来到上海经营茶叶、典当等，成为相当有名的买办。他与外国人办的怡和、旗昌、宝顺三大洋行合作，积累巨资，又在1847年用钱捐官成为候补道，1851年在不懂外交的两位满人上海道台离职后，他出任上海道台。就像这样，大量十三行行商和其他广东商人借机转型进入上海，上海进入广东化的时代。广东商人要在这里大展宏图，开拓上海了。

走近开放的粤商
——《大国商帮：承载近代中国转型之重的粤商群体》

鸦片战争后，上海取代广州成为最重要的通商口岸，粤商在这里运用他们与洋人通商的广东经验和资本实力，使上海实现了起飞。他们从当买办起步，形成了一个影响中国近代史的特殊群体——广东买办。我们过去的观点对买办是排斥的，称他们为帝国主义的走狗、汉奸。但现在应该承认，应该从正反两面来看待买办的作为，他们对中国经济走上现代化之路有重要的促进作用。他们作为洋人的总管、代理人、翻译、掮客、顾问、信用保证人，为洋人服务，也从洋人那里学习企业管理经验、开展现代社会对外贸易的经验，并积累了巨额资本，对中国近代经济的发展起了至关重要的作用。其中同顺行行商、美国旗昌洋行买办、上海道台兼江海关监督吴健彰，莫氏家族的莫仕开、莫芝轩，徐氏家族的徐钰亭、徐润，郑氏家族的郑廷江、郑观应，都是从买办转为民族实业家的代表，他们是中国近代史上无法忽略的人物。

在这些人中，吴健彰是长期被丑化的一个人。他在1832年建立了同顺行，以后又成为美国旗昌洋行的七大股东之一。由于在处理"青浦教案"中表现出"夷务通才"，成为上海道台。他与各方达成协议，由3名外国领事指定的官员负责海关，将收入上交中国政府。这开启了外国人管中国海关的先河，而且海关以专业和廉洁闻名。他为粤商进入上海创造了条件。当年的上海吃广东菜，讲广东化的英语，由广东人主导经济，实现了广东化。

之后，在洋务运动中起过重要作用的徐润、唐廷枢、郑观应都进入了上海。徐润的伯父、叔父都是第一批到上海的粤商，他当过英国宝顺洋行买办。徐润在这里受到成为买办商人的系统教育，又与别人合伙开了宝源、立顺、兴川汉等商号，之后又成为宝顺洋行总买办。离开宝顺后，他开设了宝源祥茶栈等企业，从买办转型为实业家。1873年，他参与洋务运动，成为上海轮船招商局的创始人之一。唐廷枢原为上海海关总翻译，并为英国怡和洋行代理商务，之后也成为近代著名实业家，洋务运动重要的参与者与推动者，担任过上海轮船招商局总办。近代史上另一位重要人物郑观应，也是当时来到上海的广东人之一，他先在其叔父当买办的新德洋行工作，又进入宝顺洋行，之后任太平洋买办，参与创办中国近代史上有名的太古轮船公司。在洋务运动时加入上海轮船公司招商局。他除了主张实业救国，还是近代西方文明的传播者，他所著的《盛世危言》在近代中国有重大影响，孙中山、毛泽东都受到了这本书的影响。徐润、唐廷枢、郑观应成为拉动洋务运动艰难前行的三驾马车，对中国的现代化起到了重要的作用。出生于广东珠海的容闳是中国第一个留美学生，也对洋务运动起到了重要作用。唐廷枢、郑观应还参与了开平矿务局、中国第一条铁路、纺织业等洋务运动的事业。民国前后，在澳大利亚创业成功的广东人马应彪在上海创立了先施百货公司，成为近代百货业之父。同样是广东人的郭乐、郭泉兄弟在香港创办了永安公司，之后又在上海开设上海永安公司。他们的同乡蔡昌、蔡兴兄弟组建了大新公司，广东香山人李敏周创办了新新公司。

走近开放的粤商
——《大国商帮：承载近代中国转型之重的粤商群体》

这四大公司成为中国百货业的先驱。改革开放以来，广东人也继承了粤商的精神，成为中国改革开放的领头羊。

四

我推荐这本书，是为了让大家走近粤商，了解粤商。我读过几本介绍和研究粤商的书，有些是严谨的学术著作，相当严肃，但对一般读者来说严肃有余又广征博引，读来无趣，恐怕作为非研究者难以读下去。也有些通俗的，但太俗了，甚至用传说代替真实的历史，不如不读。这本书采用报告文学体裁，尽管也有些缺点，但介于通俗与学术之间，可读性强，同时基本与历史事实一致，起码都有可靠的资料作为依据。读完这本书，还是可以对粤商有一个较为全面而真实的了解的。

本书的优点首先是全面、详尽地介绍了粤商。从起源、发展、形成以十三行为主体的商帮，到他们在近代的作用。特别应该指出的是，不少介绍粤商的书，仅仅就其主体十三行，到鸦片战争后十三行解体就结束了，实际上这并不完整。鸦片战争后，粤商开拓上海，在清末洋务运动中发挥作用，也是粤商的影响中不可分割的一部分，是其开放精神的延续。这也是粤商不同于晋商、徽商等商帮之处。只有讲清这一点，才能突出粤商开放的特点。

其次，本书提出了一些新观点，让我们耳目一新。对吴健彰的分析就是一例。我对吴健彰的印象来自一部反映小刀会起义的民族舞剧，其中吴健彰被描述为一个小丑。在许多书里，吴健彰都是一个镇压农民起义的刽子手，为帝国主义服务的走狗，总之是个反动人物。但这本书介绍了他到上海之后，对引领粤商开发新上海的历史作用。我想，全盘否认他的历史作用是不正确的。尽管作者并没有对吴健彰进行全面评价，但作为一个正确看待吴健彰的开始，这本书是有意义的。同时，本书提出了一个重要的问题：如何看待买办资产阶级。我们传统的看法是把买办资产阶级作为最反动的阶级，他们为帝国主义服务。这也许没错，但从开放、走向全球化的角度来看，这种观点就值得讨论了。买办是中外交流的中介，正是他们居于中外之间，让外国人了解中国，也让中国人了解了外国。不要把外国在中国的投资看作经济侵略，这种投资对中国经济发展是有一定好处的，否则我们为什么今天还在吸引外资？也不要把外国人所带来的外国文化都视作反动的，否则今天为什么我们还要向西方学习？而且不要忘记，第一代民族企业家的主体正来自买办，他们在买办经历中学习到现代企业管理经验，积累了资本，才有了以后建立自己企业的可能性。看看历史上的民族企业家，有多少不是买办出身的？全面否认买办，就否认了中外交流史的开篇。今天既然社会形势已经变了，就应该重新看待买办。从这个角度来研究买办，仍是一个任重而道远的任务。这本书开了一个好头。

走近开放的粤商
——《大国商帮:承载近代中国转型之重的粤商群体》

这本书还告诉读者许多过去未知的历史。如租界的形成,过去我们都认为是帝国主义瓜分中国的结果。但作者指出:"其实,这种在上海城墙外开辟'夷人'居住区的制度设计,并非英国人主动提出的,而是源于上海道台宫慕久对'蛮夷'的拒斥。"也就是说,无论租界之后出现了什么样的发展或弊病,最初是中国官员为把洋人孤立起来而提出的,并非洋人靠武力强制划分出来的。这种做法与当时广州把十三行招待外国人的夷馆设在广州城外的做法一致。历史是复杂的,对其简单化,就会扭曲历史真相。

当然,这本书在我看来也有一些微瑕。一是对粤商的主体十三行写得还不够详细。粤商史的大半部就是十三行史。对十三行,许多问题点到了,但欠详细。例如,粤商官商一体,但不同于晋商、徽商等的官商结合。粤商有对外交往的责任,但他们仅是中外之间的中间人,决定权还在政府。可惜作者没有用事实来说明这一点。总体上我觉得这本书对十三行写得粗了一些,线条、要点是有的,也许是资料尚不充分,受现在学术研究的限制吧。了解粤商一定要好好研究十三行,我再推荐3本相关的书。一本是《大国商帮》中常提到并引用的梁嘉彬先生的《广东十三行考》(广东人民出版社,1999年)。这是研究十三行最权威的著作,值得认真读。第二本是范小静女士的《十三行故事:1757—1842年的中国与西方》,这本书涉及这一阶段的历史甚广,对了解十三行有帮助。第三本是祝春亭和辛磊先生合写

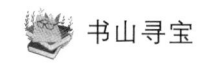

的《大清商埠》三卷（花城出版社，2008年）。这是一套历史小说，以潘振承为主线，写粤商早期历史，可以作为介绍粤商的书来读。写得真实的历史小说，对理解历史是有帮助的。

此外，本书对与粤商没有直接关系的事写得太多，冲淡了主题，如康熙年间的"教案"，王直和郑芝龙海盗集团等，对这些与粤商关系并不直接的内容写得太多，但对与粤商有关系的明代潮汕地区海盗及相关的私人走私贸易，却写得不多。此外，有个别地方不够严谨。如说"行商成为世界首富"就不确切。事实是2000年《华尔街日报》把伍秉鉴评为世界千年来50位最富的人之一，但并非首富。再如说朝贡贸易，外藩朝贡物品，"中国皇帝也回赠礼物，并根据所进贡的物品价值回赠相当的物品"不确切。事实上，回赠并不根据所赠物品价值，而是由皇帝随心所欲，往往回赠大于朝贡价值。尽管是报告文学，这些细节也应注意，且这两个事实很容易查到。

对粤商的研究刚刚起步，作为初期研究的一个结果，这本书值得读。也盼望以后有更多、更好的粤商研究著作出现。这肯定不是梦。

阅读推荐

杨黎光 著，《大国商帮：承载近代中国转型之重的粤商群体》，广东人民出版社，2016年。

带一本书游北欧

——《北欧,冰与火之地的寻真之旅》

我从小喜欢冬天，喜欢雪。读了安徒生的童话，尽管有卖火柴女孩的悲剧，但我仍十分向往大雪覆盖的丹麦，向往那童话般的世界。长大后知道了北欧的"民主社会主义"，更想去看看这种社会模式。所以，退休后我选择的第一个旅游目的地就是丹麦和北欧。当然，向往并不等于了解。20多天的走马观花，让我对北欧有了一个具体的印象，但要我讲一讲北欧游的观感，还真的难以系统讲出。2016年我得到了一本名为《北欧，冰与火之地的寻真之旅》的书，读过之后与当年的走马观花结合在一起，才对北欧的认识深了一点。2017年，我带着这种认识又去了一次北欧，这次的收获与第一次完全不同。看来在去某地旅游之前，读一本有思想、有见解的书（不是导游手册）还是相当有用的。如今去北欧旅游的人越来越多了，我推荐这本书的目的就是建议去北欧旅游的朋友们先看看这本书，带着这本书去北欧。暂时没条件去北欧的朋友读读这本书，了解北欧这个神秘的地方，也是很有趣的。为什么我推荐的是这本书，而不是其他的？这就要从了解这本书的作者及书的内容开始。

书山寻宝

一

本书作者迈克尔·布斯是一位英国记者，为世界多个报刊供稿，且以写旅游类作品出名。他的妻子是丹麦人，他随妻子到了丹麦。

在丹麦，他看到英国莱斯特大学心理学专业提出的生活满意度指数，丹麦人被评为全世界最幸福的人。但他强烈地怀疑这一点，因为这个国家"地势平坦、阴暗潮湿、单调沉闷""有着全世界最高的税率"。他甚至猜测，"也许这是因为他们普遍服用抗抑郁药，导致感知力下降的缘故"。但许多类似排行，如"欧洲晴雨表"、盖洛普世界民意调查，甚至联合国有史以来第一份《全球幸福指数报告》，丹麦都名列前茅，不是第一名，也是第二名。[1]

北欧的电视剧、美食等都在世界上颇具影响力。自从公元793年6月8日维京海盗无耻地洗劫了英国的林迪斯法恩岛修道院之后，维京人在英国建立了丹麦区，英语中许多词汇来自斯堪的纳维亚语。挪威的维京人雷夫·埃里克森在公元1000年发现了美洲，北欧移居美国者也甚多。但人们对北欧缺乏兴趣，"不肯透

---

[1] 本章引用数据均根据《北欧，冰与火之地的寻真之旅》，数据统计时间不再逐一列出。——编者注

带一本书游北欧
——《北欧,冰与火之地的寻真之旅》

过表象,去了解他们真正的内涵"。因此作者决定"更加深入地探究北欧奇迹的秘境"。这就是这本书的来源。认真读读本书的引言,你可以感受到一个生活在丹麦的英国人对北欧的好奇。他引导我们游北欧五国,领略神秘的北欧风情,看看白雪覆盖的大地上的真实生活。跟着迈克尔·布斯的北欧之旅就要开始了。

二

先去丹麦,这应该是北欧最主要的国家之一。在历史上,挪威、冰岛甚至瑞典,都曾经属于丹麦王国,莎士比亚的《哈姆雷特》故事发生地不是在挪威或瑞典,而是丹麦。所以,了解北欧从丹麦开始,是一个好的切入点。

作者领我们去丹麦,是要去了解丹麦人是不是真的最幸福。他先从丹麦人的幸福开始论述,进而认识到丹麦人在哪些方面并不像他们认为的那样幸福,并解释丹麦人认为自己最幸福的原因。

对丹麦人的幸福的认识,从仲夏节的派对开始。派对在一个郁郁葱葱的花园举行,孩子们自由嬉戏玩闹,与会的人可以提前下班。欧盟的平均工时是每年1749小时,而丹麦人仅1559个小时,周五下午1点开始就可以去度假。20%以上的就业年龄人口靠失业补助或伤残补助过着无忧无虑的日子,每家都有消夏别墅。

当然，这种幸福的日子并非从天而降。作者回顾了丹麦的历史。它曾经统治整个斯堪的纳维亚半岛，但也曾遭遇惨败。瑞典独立出去，英国人袭击了丹麦海军，"二战"中被德国占领。这些失败使丹麦人认识到，"失于外者，得于内"，丹麦出现了安徒生、克尔凯郭尔等国际名人，并"在比较而言一穷二白的基础上建成了也许是地球上最为成功的社会"。它在欧洲最早实现了全国免费中小学教育；转向民主体制；在经济上，有世界领先的风电产业，成为世界主要生猪屠宰国，还有马士基这样的航运公司和乐高玩具公司。它的基尼系数在世界上排名第五或第六，它在经济上大力推进平等，没有太多富人，穷人更少。这种显著的经济平等，成为幸福感和丹麦成功的根本。在社会发展方面，丹麦有各种社团，宣告了非同一般的凝聚力，以及异常高度的信任。但这种信任和凝聚力并不来自福利社会，而来自维京海盗对荣光的重视。

这种福利国家的幸福，建立在税收的基础之上。"林林总总加起来，丹麦人的直接和间接税负总计在58%～72%之间"，而且想降低税负的政党得不到支持。这在于丹麦人相信政府不会乱花钱以及热心公益。但在这种高税收背后，是黑市交易异常活跃以及巨额的私人债务。

作为一个客观的外国人，作者也让我们看到这种幸福的另一面。比如，丹麦的癌症率全世界最高，在北欧五国中平均寿命最低，酒精消费量最高。丹麦的贫富差距也在加大，有生活幸福的

带一本书游北欧
——《北欧，冰与火之地的寻真之旅》

"威士忌带"，也有贫穷的"烂香蕉区"，不同地区的学校教学水平失衡，全民公费医疗人多且质量不高，有钱人还是找私人就诊。丹麦议长吕克托夫特对丹麦作为高税收、拥有庞大公共部门而经济仍能起飞的现象，称为"大黄蜂"经济。但实际上，到21世纪初，丹麦的全球竞争力指数已从第8位下降到第12位，丹麦的人均收入已跌到欧洲最低，存在人才外流问题，生产率下降。

丹麦人的思想状态如何呢？作者提出，丹麦20世纪30年代的一部小说提出的"詹代法则"，是一颗失衡心灵的产物，但这一法则至今仍然存在。这个法则是路德宗的精神遗产，即在成功前止步不前，不屑于浅薄的个人主义或精英主义的追求，对于有成就者并不赞许。航运大王马士基就不被丹麦人爱戴，也不是榜样人物。这就是平等社会中丹麦人对平庸的追求。丹麦人循规蹈矩还有两个因素，一个词是hygge，即具有欺骗性的放松，丹麦人还将其规范化，迫使他人服从；另一个folkelig，即包罗万象的文化民粹主义，这同样体现在丹麦人躲避竞争、不追求竞争中成功的平庸上。正是这样的精神状态，使丹麦人沉湎于自己最幸福的幻觉中。幸福本来就是主观感受，一旦处于这种对平庸的满足状态，幸福指数得到的结论就是丹麦人最幸福了。人们沉醉于幸福的幻觉之中。作者以一个外国人的眼光，看到了这种最幸福中潜在的问题，对丹麦模型提出了有意义的质疑。

书山寻宝

三

冰岛最早的一批人原来由逃亡至此的挪威西部的亡命徒和他们收留的苏格兰和爱尔兰性奴。这里原来属于丹麦,1940年德国入侵丹麦之后,切断了冰岛与丹麦的关系。后来美国人把这里作为军事基地,我到冰岛时还看到了美国人废弃的雷达站。1944年,冰岛才成为一个独立的国家,现在人口也才30余万。近来冰岛受到关注,还在于它遭遇的金融危机。2003~2008年,冰岛三大银行大量借贷,到处购买企业,奢侈地消费。2008年金融危机后,冰岛债务高达GDP的850%,利率高达18%,股市下跌77%,通胀率达到20%,本国货币克朗贬值80%。冰岛经济崩溃,许多人失业,政局更迭。不过由于克朗贬值,旅游的人多了。近年来冰岛经济情况已经好转,根据联合国人类发展指数,21世纪初,冰岛是全球最发达的国家之一,生产率位列欧洲第四,经济自由指数名列前茅,人均国民收入高于英国,被经济合作与发展组织列为第五富裕的国家。这里有欧洲最高的出生率,两性平等,还有单亲母亲当选总统,男性预期寿命全球最高,女性更长,人均购买图书数量为全球之最。它具有北欧国家的同质化、平等主义和社会凝聚力等特点,这就是它成功的关键,当然也引起了问题。

作者对冰岛的介绍从银行家开始,毕竟他们与金融危机密切

带一本书游北欧
——《北欧，冰与火之地的寻真之旅》

相关。这要从20世纪80年代初实行的渔业配额制度说起。冰岛人原以渔业为主，1983年由于天气原因导致连续几年渔业歉收，于是政府实行了渔业配额制度。1991年，冰岛开始允许渔民进行配额交易，并可以用未来的捕获量作为担保获得贷款。灾难由此开始。拥有原始配额的人一夜暴富，所有配额流入15家私人公司，利润从这15家公司转移到银行业，渔民成为银行家，开始为非作歹。当时的英国企业、地方政府和个人受高利率诱惑，把巨额资金存入冰岛国民银行的网上分行冰储银行。冰岛的银行又大量借款，政商勾结；冰岛缺乏自由的、多样化的出版物，没有批评。这就引起了它在金融危机中的全面破产。

丹麦对冰岛影响极大。冰岛的知识阶层都在哥本哈根接受教育，冰岛教育体系中，丹麦语占主导地位。但丹麦人看不起冰岛人；冰岛没有反丹麦情绪，但也用幽默的态度回应丹麦人的轻视。2006~2008年，冰岛人大肆购买丹麦和其他地方的企业。双方是一种爱恨交加的关系。

冰岛人的思想如何呢？作者认为，"冰岛人相信神灵，相信灵异事物的存在"，"时至今日精灵仍然是冰岛人生活的一个重要组成部分"，他们把精灵称为隐身人。2007年的调查显示，有32%的人相信它存在，16%的人认为"十有八九"存在，8%的人肯定它存在。这其实是冰岛人认识大自然的一种方式。冰岛人相信精灵在干扰和破坏现代化的发展，这反映了乡村价值观和现代价值观的矛盾，也强调了当地人对大自然的爱护和敬畏。

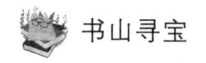

冰岛的地貌也很有特色。我第一次去冰岛，一下飞机就感觉像到了外星球。所以这本书的作者特别介绍了冰岛有特色的自然景色和温泉浴。包括瓦特纳冰川——它占地8300平方公里，深达千米以及黄金瀑布、盖锡尔间歇泉、施托克间歇泉等一个接一个的地质奇观。此外还有欧亚板块与美洲板块的大裂缝，世界最古老的议会所在地辛格维勒，著名旅游景点兰湖——在这里可以洗温泉浴。这些地方我都去过，也洗过温泉浴。到冰岛，这些景点绝不可错过。

四

对挪威的介绍从5月17日的挪威宪法日开始。挪威在1814年脱离丹麦，1905年脱离瑞典，1945年赶走德国。宪法日正是为了庆祝挪威人的胜利。人们穿着节日盛装在奥斯陆和各地游行庆祝。"地方政府和公民团体竭尽努力，把5月17日变成一个多元文化兼收并蓄的节日庆典。"

但这种欢庆下，还有相当有势力的右翼干扰。从20世纪80年代起，右翼团体游行或袭击非西方移民的活动就层出不穷。在2001年判处一个名为"马靴男孩"的新纳粹组织有罪后，挪威的极右翼似乎已经退到互联网上。但之后种族主义极端分子、进步党成员布雷维克一个人杀了77人，所杀的都是挪威的白人。当时

带一本书游北欧
——《北欧,冰与火之地的寻真之旅》

首相的讲话主旨仍然是"更加开放,更加民主",但极右翼进步党在议会选举中赢得16.3%的选票并参与组阁,这个政府是右翼和福利国家的某种混合。这说明在挪威,排斥非西方人的极右势力还有相当影响。这是挪威社会的一个显著特点。

挪威有独特而优美的自然风光,他们与大自然有极其强大的纽带。与其他国家人口集中于大城市不同,挪威人口居住相当分散,且喜欢户外生活。他们即使住在远离首都的地方,也"舒适惬意,有像样的基础设施、文化体育设施,以及高大雄伟的公共建筑"。自然风光对挪威人的意义如同文化对法国人的意义。我曾坐汽车游过挪威,那自然景色,尤其是峡湾的景色,真的美得惊人。我建议去挪威的朋友不要随旅游团去什么景点,还是开车自驾游好。

影响挪威的不仅有融合与移民、自然风光,更重要的还有石油。1969年在挪威境内的北海区域发现了大量的石油资源,而且在与丹麦和英国签订的条约中,挪威人最有利,能获得石油资源的70%。这些石油对挪威当然有好的一面。挪威人为了避免光靠资源享受今日而不顾以后的"荷兰病",建立了主权财富基金,到2020年前,这个基金已有1万亿英镑,投资于世界各地企业。当然,巨大的石油财富不可避免地引起了"荷兰病",如挪威人的工作时间减少了23%;并忽视了制造业,今天,制造业在挪威GDP中的比例已不到10%;其全球竞争力排位只在第15位;100多万年青人无所事事,靠国家资助生活;贸易保护主义、环境污染等问题都出现了。2011年挪威黄油短缺问题暴发,就是石油不利影响的一个例子。

五

芬兰是传说中圣诞老人居住的地方,现实中,这里也有人扮演圣诞老人,接待各地来的小朋友。这本书的作者对芬兰的印象极好,认为芬兰人了不起,芬兰很了不起,它的首都赫尔辛基是天堂。赫尔辛基被评为全世界最宜居的地方,人均收入在西欧最高,在21世纪初是欧元区唯一保留了3A评级的经济体,腐败又最少。但并非人人都这样认为。比如芬兰的谋杀率西欧最高,芬兰人喝酒不要命,自杀率高。许多媒体把芬兰人描绘成不快乐的人,他们既有压抑的瑞典式循规蹈矩一面,又有俄罗斯人粗野豪放的一面。它的语言与北欧各国不同,赫尔辛基也没有什么景点、博物馆可看(我第一次到芬兰时也感觉到这一点)。其实这样不同的看法,对任何一个国家都是正常的。不同的人去芬兰,都会有不同的感受和认知。

那么,芬兰有什么特点呢?作者首先让我们认识了桑拿浴。这是芬兰人的消遣,也是生活的必需,每两个人就有一间桑拿浴室。我去北极在赫尔辛基转机时住了几天,也曾享受过芬兰式桑拿,但我受不了那么热,一会就出来了。芬兰人蒸桑拿时沉默不

带一本书游北欧
——《北欧，冰与火之地的寻真之旅》

语和热气弥漫，正反映了他们寡言少语的特点。这种特点也许来源于他们移民少的同质性，也可以解释为腼腆，即体现了谦虚、克制、愿意倾听他人的品格。这种沉默的另一个表现就是喝酒，芬兰人有爱酒精的名声。其实芬兰人的酒精消费水平只在欧洲平均线上下，这个名声是他们自己传出去的。这来源于20世纪初芬兰国内的禁酒制度，酒受到控制，反而形成了他们爱豪饮的喝酒方式。

认识芬兰，就必须了解它与瑞典和俄罗斯的关系。芬兰处于基督教文明与东正教文明的断层线上，既与欧洲文化息息相关，又曾受俄罗斯的沙皇统治和共产主义制度影响。这引起芬兰文化上的内心矛盾，即产生了一种自相矛盾的秉性。瑞典统治芬兰几百年，19世纪初瑞典放弃对芬兰的统治后仍然在影响芬兰。芬兰的统治阶级由瑞典人与芬兰人组成，瑞典语成为芬兰唯一的官方语言。今天30万瑞典裔芬兰人在社会上层和工业界仍然有惊人的影响力。芬兰刚独立时与俄罗斯关系良好，但在"二战"前苏联想要芬兰一块较大的缓冲地带保卫列宁格勒，芬兰人拒绝。1939年11月苏芬战争爆发，瑞典中立，坐收渔人之利；芬兰与德国结盟。1947年芬兰10%的领土被划归苏联。芬兰人拒绝了美国的援助，苏联人也没有把芬兰变为爱沙尼亚，芬兰保持了自己的独立。

谈芬兰，不能不谈教育，因为在各种教育类国际评比中，芬兰都名列前茅。芬兰的教育好有各种原因，但并不是因为投资

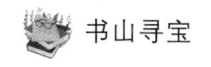

多、班级小或者移民少,而主要在于它对教师培训的重视,甚至鼓励并支持教师获得博士学位。芬兰人也以当教师为荣。另一个原因则是平等。学校没有重点、非重点,公立、私立之分。最后,作者强调了芬兰另一个显著的特点:女性地位高。不仅有几位女总统,大学生中女性占60%,而且还有突出女性尊重的背妻大赛。

六

最后一站当然是瑞典。作者从瑞典小龙虾狂欢节上人们肆无忌惮的狂欢开始介绍瑞典。尽管丹麦、挪威和芬兰人对瑞典有些不以为然的看法,但瑞典仍是北欧的中心,是世界了解"斯堪的纳维亚的文化、政治、社会和内部关系史的钥匙"。它在20世纪初理性地实行政教分离,它的免费学校和慈善医院,和谐折中的共识政治,经济成功与性别平等,以及近年来的社会多元化等,都令人瞩目。但作者告诉我们,一切不会如此完美,真实应该在好坏二者之间。

首先看瑞典人的特点。在瑞典住了12年的美国政论家苏珊·桑塔格认为,瑞典人一言不发、面无表情、胆小怯懦。其他人也有类似看法,诸如北欧最好的北欧人种学家阿克·道恩在他的《瑞典人心理》中也认为,瑞典人是个羞怯的民族,内心充满

带一本书游北欧
——《北欧，冰与火之地的寻真之旅》

不安全感。作者想验证这一点：他在诺贝尔博物馆大吃零食，过马路不看红灯，都没有遭到人批评；试图与人搭讪未果。这些都证明瑞典的内敛与刻板，这种特点也表明了瑞典人的谦虚与同情心。

其次是多元文化及与非白人移民的融合。在北欧各国中，瑞典移民最多，21世纪初非瑞典出生的人占1/3。但移民与瑞典人的融合并非易事。在破烂的移民区玫瑰园，他看到了这里与瑞典其他地方的差距。移民的犯罪率是本地人的2倍，犯下杀人罪和强奸罪的分别是本地人的4倍和5倍。瑞典人不愿与移民住在一起。如何实现多元化，改变移民的状况，仍是一个有待解决的问题。

最后是瑞典的政治。瑞典本质上是一个一党国家，20世纪大半时间由社会民主党统治，而公民安守本分，默默顺从。在该党领导下，瑞典成为全世界最慷慨、进步、福利覆盖广泛的国家。瑞典人方方面面都受到政府控制，他们乖巧温顺。瑞典的政治制度实际上是社民党、工会联盟和雇主协会三位一体，它们共同保证瑞典社会的公平。社民党发起社会革命的一大要素是妇女权益，瑞典出台了大量性别平等、儿童保育政策，使妇女地位有了更全面提升。这种类似极权主义的一党统治还是有其社会基础的。这个社会的另一个特点是没有其他国家那样明显的阶层划分，甚至在瑞典，国王也不像其他国家的国王一样受到极度尊重。

七

　　这本书并不是旅游指南，也不是北欧自然风光的介绍，甚至不是全面地介绍一个国家。作者实际到过这些地方，参与当地人的各种活动，与普通人接触，并采访了不少学者。他力图给我们介绍北欧五国最重要的特点。介绍丹麦，就以丹麦人认为自己最幸福为中心，介绍冰岛以知名的金融危机为中心，对挪威以77名白人被杀的"7·22"事件和石油为中心，芬兰则突出了它处于基督教文化与东正教文化断层带的特点，对瑞典侧重在瑞典人与社会。这就使我们在不长的篇幅中对这些国家有一个简单而重点突出的了解。带着这些了解去游北欧，会有更多收获。

　　正如作者在后记中说的"北欧人是全世界最幸福的人，他们信任他人，生活成功"，但他更强调"当我们面对他们，一种直觉的反应是想要挑刺，想用X射线透视他们的破绽"。我特别欣赏他的这种态度。如果这是一本一味讲北欧好的书，那对读者的意义就小了，全球这种赞誉北欧模式的书并不少见。但我们知道，世界上没有十全十美的东西，北欧这个美好社会里，也有许多并不美好的东西存在。作者没有否认北欧之好，但更多分析了它的不足，或者说分析了它的复杂性。有些是它的缺点，有些说不上缺点，而是特点，不能用好坏来评价，如瑞典人不爱交际等。总之，这本书带给我们一个真实而全面的北欧。可以使我既

带一本书游北欧
——《北欧,冰与火之地的寻真之旅》

不是带着崇敬的心态,也不是带着蔑视的心态去游北欧,感受一个真实的北欧。

这本书的作者是记者,所以既有纪实风格,又有风趣与幽默的语言,同时涉及历史与现实等各个方面,读来极为有趣。朋友告诉我,当初出版这本书时并没有十分看好,没想到出版后迅速走红。这本书2016年1月出版,我在6月买时已经是第六次印刷了。到2018年年底,这本书的销量已突破10万册,还不包括电子版。读者掏出的钱就是最好的选票,但它一直没进各种排行榜。

到北欧旅游和读这本书时,我总想一个问题:北欧的"民主社会主义"模式究竟是好是坏。国内也曾有学者建议我国改革以北欧模式为目标。但是撇开北欧模式的优点与缺点,即使北欧模型是十全十美的,我们的改革也不能为北欧模式为榜样,更不用说目标了。原因就在于我们的国情完全不同于北欧。任何社会制度都有不同的模式,社会主义有斯大林模式,也有中国特色的模式。资本主义同样在各国有不同的模式,如欧美模式和东亚模式。每种模式都适应了不同的国情,是一国历史与现实结合的产物。中国的历史从一开始就不同于欧美,从古希腊与春秋战国时代,东西方就已走上了不同的道路。我们历史上没有至今仍影响北欧的维京海盗,我们的历史所走的道路更不同于北欧,要中国改变历史随北欧走,是根本不可能的。

从现实来看,北欧国家能采用这样的模式与他们的国情相关。他们人口少,经济实力强,国内人民的风格平和,所以能用

书山寻宝

高税收实现高福利。

更重要的是,即使从北欧人的角度看,北欧模式也并不是完全理想的,无非现在走到了这一步,已无法退回去了。20年前,我曾参加瑞典一位前首相在中国出版的一本书的发布会。他在会上痛斥了这种福利国家的弊病——为了实现福利国家模式,北欧普遍实行高达50%左右的税率,这种高税率引起的就是人们工作缺乏动力,效率低下,人才外流。瑞典原本是工业强国,但萨博垮了,沃尔沃卖了,工业实力一落千丈。高福利、靠补贴就可以生活,这就养了一大批懒人,或者说把勤劳的人也变成了懒人。但在民选政府的情况下,这种福利有刚性的不可逆性,即认识到错了也没法改。他当时还一再告诫我们,中国不能走这样的福利国家之路。至今想来,这句忠言仍在耳边回响。所以,我们要做的不是去模仿什么其他模式,而是走自己的路。

去北欧的朋友走马观花,肯定会对那里的生活向往不已。不过读了这本书再去看北欧,就会冷静下来。带这本书去游北欧,是最好的选择。

阅读推荐

迈克尔·布斯 著,《北欧,冰与火之地的寻真之旅》,生活·读书·新知三联书店,2016年。

走向南极：从探险到科考

——《南极洲：从英雄时代到科学时代》

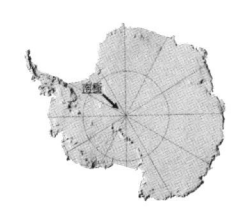

如今去南极旅游的人越来越多，《三联生活周刊》有一期介绍南极旅游的专刊，总标题就叫"不到南极非好汉"。受此影响，我在75岁时也去了一次南极。但我们对南极的了解甚少。谁最早发现了南极？寻找南极的探险遇到了哪些艰辛与险阻？人类不辞艰险前往南极探险的目的是什么？这些探险给南极带来了什么影响？南极对人类的科学研究有什么意义？人类在南极的科学考察取得了什么成果？这些问题，许多去过南极的人都回答不上来。因此，无论去不去南极，我推荐《南极洲：从英雄时代到科学时代》。

这本书的作者大卫·戴曾在剑桥大学卡莱尔学院、都柏林大学学院、阿伯丁大学和东京大学任教，现任墨尔本拉筹伯大学研究员。他不仅对南极探险史有研究，而且善于写妙笔生花的科普文章。译者李占山先生毕业于北京外国语大学英语系，长期从事中国海洋和中国南极的外事工作，多次出席国际会议和南极谈判，对南极国际条约和法规有深入研究，也是一个南极问题专家，由他译这本书自然是最合适不过的。这两位作者与译者的合作，给我们奉献了一本内容、文字都极为优秀的书，值得一读。

书山寻宝

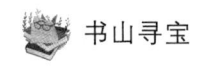

一

20世纪初之前对南极的探险,以寻找和发现南极,并登上南极为主。按古希腊的传说,在南半球有一个与欧亚大陆对称的、幅员辽阔的南方大陆。这个传说中的南方大陆,就是后人所说的南极洲。为了找到这个南方大陆,从18世纪末到20世纪初的百余年间,探险家们驾驶着简陋的帆船,在咆哮的西风带中航行。他们在险象环生的冰海中开辟航线,在裂隙纵横的冰盖上奋力前进,前仆后继,造就了南极探险史上的英雄时代。他们的目的或者是代表国家开拓殖民地并占有资源,也有的出于个人好奇或寻找财富的动机。无论他们的动机是什么,他们表现出来的坚定不移的意志、百折不挠的精神、至死不渝的品德,以及在认识南极中所做出的贡献,至今令我们景仰。

第一个真正走进南极圈的,是英国航海家詹姆斯·库克及其所率领的团队。在此之前,已有法国航海家路易·布干维尔在1766年、英国航海家塞缪尔·沃利斯和菲利普·卡特利特在1768年前往寻找这个传说中的大陆,但都无果而终。1768~1771年,库克乘"奋进号"首次完成了他的环球航行。这次航行的表面目的是观测金星运行经过太阳的过程,实际目的是寻找南方大陆,并占领这片土地,但他们无果而返。1772~1775年,库克率领"果敢号"和"探险号"又完成了一次环球航行,其间他三次穿

走向南极：从探险到科考
——《南极洲：从英雄时代到科学时代》

过南极圈，最远到达南纬71度10分，但没有发现南极洲大陆。此后有不少探险家去探寻南极洲。

第一个真正看见南极大陆的，是俄罗斯探险家法比安·戈特利布·冯·别林斯高晋船长。1819年，沙皇派遣别林斯高晋带领船队南下接近南极点，寻找未知的大陆。1820年1月27日，他们穿越南极圈。28日，别林斯高晋报告看到了"由东向南再向西的坚实的冰体延伸"。之后证明，这是人类第一次看到南极大陆。但由于种种原因，别林斯高晋的这一发现在一段时间内并没有被承认。1819年英国"威廉姆斯号"船长威廉·史密斯发现了南设得兰群岛，并宣布由英国占有。此时，美国也为猎取海豹企图进入南极地区。别林斯高晋又在1820年11月通过望远镜看到了局部被大雪覆盖的陆地，但实际上这只是岛屿。之后他又发现了陆地，并命名为"亚历山大一世地"。

19世纪20年代后，英国、美国、阿根廷等国的船队在南极一带捕杀海豹谋利，但直至20世纪初，不少人仍认为南极和北极一样，是散落着一些岛屿的冰封海洋。直至一个世纪后，地理学家才确信南极点处有大陆，别林斯高晋的船队是发现南极大陆的第一支探险队。欧洲的科学组织将1882～1883年定为第一届国际极地年，并在地球两极建立了观测站。在南极，有法国建在火地岛的观测站和德国在南乔治亚岛上的观测站。这两个观测站都在南极圈之外，但激起了人类对南极的兴趣与关注。

20世纪初，进入对南极的探险考察期。英国、德国、瑞典、法国的考察队都进入了南极。这时，对南极的主权之争也被提上日程。阿根廷人对南极奥克尼群岛提出主权要求，接管了那里的气象站，挂上阿根廷国旗，并建立了邮局；英国也提出主权要求；智利人在南极进行捕鲸活动；还有多个探险队试图远征南极极点。英国探险家斯科特就是其中之一，挪威探险家罗尔德·阿蒙森也在悄悄为此努力。阿蒙森在1906年第一个发现了北冰洋西北航道，又向因纽特人学会了在冰区旅行和生存的本领，特别是使用雪橇狗和食用海豹肉的技能。1911年9月8日，阿蒙森和4个同伴向南极点进发，但被零下56度的严寒逼回。他们在10月15日再出发，终于在12月15日到了离南极点8公里的地方，插上挪威国旗，并建立了"极点之家"，在周围几十公里的范围内留下标记。他又前进8公里，发现这里还不是绝对的南极点，但又发现准确定位很难，于是停止定位工作，胜利返回。而斯科特的行程十分艰难，他直到1912年1月16日才发现挪威人留下的一面黑色标记旗。阿蒙森和斯科特都离南极点有1～2公里的距离。在归途中，斯科特和他的同伴都去世了。

二

寻找与发现南极的任务基本完成之后，之前已经开始的领土主权和财富之争进入高潮。第一个以领土主权为目标的探险家

走向南极：从探险到科考
——《南极洲：从英雄时代到科学时代》

是澳大利亚的道格拉斯·莫森。其后有德国探险家菲尔希纳，以及日本的白濑矗。这些探险家历经苦难，且最后都没达成目的。这时的美国人对南极不感兴趣。在英国，沙克尔顿又筹划组建了南极探险队，但也没有实现目的。英国想对南极拥有领土主权的人中，利奥·艾默里是一个重要人物。他是英国殖民地部部长，也是坚定的帝国主义狂热分子。为实现这一目的，沙克尔顿和约翰·科普都组建了探险队，但未成功。法国、澳大利亚和挪威也都在争夺，挪威人的捕鲸船势力强大。1926年11月的帝国会议上，英国发布公报告知世界，英国对南极的7个地域拥有主权，并决定派出探险队对没有举行占领仪式的地方实施占领，并颁发"有关地域兼并的英王制诰，使之成为政府规定"。

但由于捕鲸的巨大利益，英国对南极的领土主权要求必然遭到其他国家的抵制。首先是法国坚定地反对英国占有阿德利地，挪威政府也反对英国占有罗斯冰障。挪威派遣捕鲸船在那里寻找鲸群，捕鲸船船东、挪威人克里斯滕森决心保卫挪威在南极大陆的主权，他资助派出探险队，以科学为名，对南极部分海岸线提出主权要求。20世纪20年代末期，美国人理查德·伯德用飞机对南极进行了探险。澳大利亚人休伯特·威尔金斯也在英国的支持下从事了飞行探险，并代表英国提出主权要求。伯德用飞行对南极进行拍摄和命名，是美国锁定新地块的重要步骤。澳大利亚的莫森也为澳大利亚和英国与挪威人对抗，强权瓜分南极洲的争夺开始了。

📚 书山寻宝

20世纪30年代飞机的应用，突显了人类对南极大陆的掌控能力，加速了控制南极大陆的比赛进程。这时的挪威人有优势，小型探险船"诺维吉亚"号有独立航行能力，克里斯滕森捕鲸船队内有良好的协同作业能力，再加上还有飞机的协助。"诺维吉亚"号进行了环南极大陆航行，为捕鲸做准备，并打算巩固和扩大挪威已提出的主权要求，但挪威政府已同意不对英国为其划出的地理区域提出正式的领土主张。莫森仍然在抵制"挪威的南方地块"延伸至澳大利亚地块，并为此而进行了两次航行。澳大利亚立法创建"澳大利亚南极领地"后，不仅挪威和英国关注南极，德国、日本和美国也把目光转向这里，控制南极地区的争夺进入了一个新的充满危机的转折点。

20世纪30年代又发生了一轮新的捕鲸热，探险家和捕鲸者把南极当成自己的后院，开始了新的探险。最为著名的是1930年飞去南极的伯德，他又有了一次南极探险计划。这时又有一位竞争者加入——百万富翁探险家林肯·埃尔斯沃思。英国也有两支探险队正在筹划，澳大利亚则有极地探险家、飞行员约翰·赖米尔。美国还发行了纪念伯德第一次探险的两枚纪念邮票，注明"小美利坚"，可以确定其对南极的主权意识。

1937年以后，英国在南极洲占有的面积为2/3，尽管它与法国仍有未解决的边界问题。挪威捕鲸者仍进入英国占领的领地，并提出领土要求。但主要威胁来自日本和德国不断增加的捕鲸队，以及美国以私人探险队进行的各种活动，这些人也想实现

走向南极：从探险到科考
——《南极洲：从英雄时代到科学时代》

领土要求。"二战"开始之后，美国总统罗斯福希望在南极建一个基地，以便正式兼并由美国人发现或探测过的南极大陆。由于德国和日本在南极的活动增多，为美国提供了其在南极存在的理由。美国计划建立一支由国务院、战争部、海军和内政部联合组建的探险队，目的是实现美国政府在南极的殖民化。几经周折，他们在南极洲设了3个基地，建立了名为"美国南极服务队"的探险队，开始了美国对南极的殖民活动。但由于"二战"，美国关闭了两个基地，殖民南极的计划不了了之。但1939年的南极探险是美国南极探险的重要里程碑之一。南极大陆第一次出现永久定居点，而这也加速了各国对南极领土的争夺。英国也与阿根廷和智利在南极问题上争执激烈。

"二战"后，英国、澳大利亚、新西兰、挪威、法国、阿根廷和智利都对南极提出了领土要求。美国为了在协商这一问题的国际会议中占主导地位，同时出于与苏联对抗的需要，又启动了对南极的占领计划，打算派遣有史以来规模最大的南极远征队。新西兰、澳大利亚、英国都做出反应。美国当时筹划了3支探险队，龙尼率领的探险队到了南极，但在建立基地的问题上与英国人发生了矛盾。面对这些国家在南极问题上的矛盾，苏联提出停止对南极的瓜分，建立一种国际制度，推进合作。

书山寻宝

三

结束各国对南极的领土主权争夺，停止各国对南极资源开发的野心，让各国共同对南极进行真正的科学考察，才是解决南极问题的唯一方法。但实现这个目标的道路是曲折而艰难的。

美国人龙尼率领的探险队与英国合作对南极的考察在1948年结束，成果异常丰硕，足以强化美国对帕尔默地的领土要求。但龙尼的报告认为，美国应该支持由联合国管理的南极国际化政策。另一位老资格的南极探险家伯德则反对这一主张。美国国务院在1948年年初也提出由联合国托管南极，以结束英国、阿根廷和智利之间愈演愈烈的领土争端，并使美国能够在不考虑各国对不同地块的所有权的情况下，协调整个南极事务。面对阿根廷和智利在南极建立基地和进行军事演习，英国对南极国际化的可能性曾表示出一定的兴趣。但各国都担心南极由联合国托管，意味着其向苏联打开大门。阿根廷和智利都反对国际共管。美国提出代替性方案，即由提出领土主张的7国与美国国际共管。但英国对此表示反对，认为此方案不可能排除苏联参与。国际共管的想法得到获得领土的7国支持后，新西兰、南非、澳大利亚又对此表示反对。苏联的争夺又引入了新因素。

国际共管的想法实现起来非常艰难，因为各国都不肯放弃自己的领土主张。英国与阿根廷在希望湾发生冲突后，又在欺骗

走向南极：从探险到科考
——《南极洲：从英雄时代到科学时代》

岛与智利冲突。英美在命名上也难以一致。英国拟在1957～1958年的国际地球物理年上提出合作而不是争斗，美国想在南极强化它的领土。一些国家在南极建常年基地而强化了本国的领土要求，许多国家准备建科考基地而非提出领土要求。美国在南极建立了5个基地。澳大利亚人乘丹麦的小型破冰船进入南极，建立基地后，新西兰人也建立了基地。苏联不示弱，随后也建立了基地，命名为和平站。美国和苏联都企图随心所欲地控制整个南极大陆。

1959年12月1日，各国经过激烈争论、谈判后，终于达成了《南极条约》，在各国政府批准后，条约于1961年6月23日生效。该条约在形式上"冻结"了现状，签约国不放弃原有的权利与领土要求，也不得进一步提出或扩展现在的领土要求，其他条件包括非军事化，确保相互视察对方的基地和分享南极科学知识。该条约允许在南极开展了显著科学研究的国家成为签署国。尽管对该条约有许多乐观的评论，但南极大陆的未来仍然充满了争论。

《南极条约》的确促进了合作，但没有结束领土之争。各国都想主张自己在南极的权力，控制南极大陆之争变得比过去有过之而无不及。英国人认为自己从条约中获得甚多，在1960年率先批准了条约。美国一些国会议员反对批准，经过争论最终条约在美国获得批准。最后批准的是澳大利亚、阿根廷和智利。美国、阿根廷、澳大利亚等国都在扩大其在南极的存在，各国仍在进行地图绘制活动，在命名上也还存在争论。1968年，《南极条约》签署国在巴黎开会同意，各国列出需要保护的历史纪念物清单，这些清单充满了明显的政治色彩。各国还通过发行邮票来扩大对南极的所有权，建立邮局强化领土要求，并开始组织南极游。加拿大的南极飞行声称，是对在南极拥有主权的政府及《南极条约》签署国的挑战。各国还希望开发南极的矿产资源，尤其是石油。自然保护组织反对开发南极资源，《南极条约》签署国在1982年达成了保护南极海域海洋生物资源的意见，确定了渔获量水平。总体上，《南极条约》确保了南极50年的和平，成为国际合作的典范。不过南极的未来仍充满了未知。

四

这本书有近50万字。从参考书目可以看出，作者阅读并引用了大量资料，对人类发现南极、对南极的争夺以及逐渐形成的国际合作进行了详尽而全面的介绍，按时间顺序对有关南极的每一件都写得极为清楚。尽管作者是澳大利亚人，但立场极为公正、客观。而且这本书写得生动有趣，虽然长，但读起来并不沉闷。去南极之前读读这本书，才会真正有收获。

不过我觉得有一点遗憾是对南极的科考成果介绍得少了一点。为该书写序的秦大河院士补充了这一点，他指出，"20世纪

走向南极：从探险到科考
——《南极洲：从英雄时代到科学时代》

80年代以来，全球变暖研究日益深入，南极冰盖以其独特和不可替代的禀赋，为气候变化这一科学问题做出了独特贡献。南极冰盖记录的地球大气过去80万年温室气体浓度变化的旋回，冰内气泡记录的1750年以来大气圈温室气体浓度不断攀升的事实，等等，为气候变化科学的发展，人类应对气候变化和保护地球环境的对策奠定了基础"。此外，南极还为研究许多问题提供了天然的实验室，人类基于南极的许多研究都有了重大成果。了解这些，我们可以更好地了解南极对人类的意义，提高我们保护南极的意识。也许这些不是本书的重点，也难以简单地概括出来。这些缺憾并不影响本书的价值，我们不能要求这本书成为南极的百科全书。

读了这本书，我有两点感想。

一是保护南极刻不容缓。南极不仅应该完全禁止矿产资源的开发与利用，还应该限制对南极海洋生物的捕杀，限制甚至禁止以利润为目的的旅游。尽管国际上有一些协定，但有些国家对此置若罔闻，自行其是，如日本的捕鲸活动。现在每年去南极旅游的人达3万，游南极的热潮正在兴起，旅游人数还将增加。如此多的游人去南极，对这里的生态必然会不可避免地带来影响。南极是世界上唯一一块净土，它对科研有不可替代的作用，如果连南极也被破坏了，世界上还有净土吗？

二是对西方人不惧艰苦在南极探险的事迹，我极为感动。无论他们出于什么目的，他们的功绩对我们今天了解南极有极大的贡献。我极为敬佩这种探险精神。这就让我不得不思考一个问题：中国人为什么缺乏这种探险精神？中国出了不少对世界历史做出贡献的人，但探险家也许勉强只有一个徐霞客。是我们离南极或其他险要之地太远吗？挪威比我们离南极远多了，但第一个到达南极点的人是挪威人阿蒙森。是我们的技术落后吗？郑和下西洋的海船在当年是世界最高水平。别说海洋、极地探险没有中国人，连喜马拉雅山在中国，第一个爬上珠峰的人也不是中国人。总之我觉得，中国人似乎缺乏冒险、探险的精神。

中国人缺乏这种精神的原因很多，但还要从制度和文化上寻找根源。

从制度上来说，从秦始皇建立了专制制度开始，中国一直是中央集权的国家。明清时正是这种专制制度的顶峰。这种制度需要的不是有冒险精神的人，而是顺从的奴才。明代正是外国探险家大显身手的时代，从哥伦布发现新大陆，到英国人在非洲的探险，这些活动都是在政府的支持下进行的。英国船长库克和俄国探险家别林斯高晋及其他探险家寻找南极洲，是在清代。这些探险家的行为也得到了英国女王和俄国沙皇的支持。没有政府的支持，这种重大的探险活动不可能出现。在那时，中国的专制统治者关心的是维护自己的统治，有一群敢冒险的人，政府还有安生日子可过吗？明清时代的专制制度决定了，政府不仅不鼓励、不支持国民的探险活动，还要千方百计地限制。有时，专制制度也可以支持探险——支持别林斯高晋探险的俄国当时实行的也是

走向南极：从探险到科考
——《南极洲：从英雄时代到科学时代》

专制制度。但不一样的是，俄国在寻找海外扩张，而明清时代的统治者却没有海权的观念，以陆地上的安全为宗旨。这是明清专制统治的独特性，正是这种思维禁止了中国人去从事海上探险活动。这与经济学的制度决定论相符。

再从文化来看。与继承了古希腊文化的西方不同。中国文化有"父母在不远游"的教诲，谁能走出去呢？自从儒家成为主流意识形态之后，这种追求"中庸"的精神渗透到了中国人的骨子里。我们从小教孩子这里危险、那里也危险，做这个不行、做那个也不行，导致孩子失去了这种冒险精神。一代一代下来，这种精神主导了中国人的头脑。就算是今天，中国又有多少人玩冒险的极限运动，有多少人敢于去无人的原始森林或深山探险？中国人从小就安分守己，有多少有探险的冲动？哪怕是一闪念。

中国的制度与文化捆住了人们，令人不敢冒险也不去探险。当库克环游世界、别林斯高晋等探险家寻找南极时，我们还沉醉在康乾盛世的美梦中。所以读这本书的意义之一，就是激发我们敢于探险的精神。那些征服南极的英雄，真的是我们的榜样。

阅读推荐

大卫·戴 著，《南极洲：从英雄时代到科学时代》，商务印书馆，2017年。

丝绸之路的历史真相

——《丝绸之路新史》

自从"一带一路"倡议提出以来，几乎被人们忘却的丝绸之路研究又流行起来。许多有关丝绸之路的书籍，无论是中国人写的，还是外国人写的，都成为受人关注的畅销书。其中英国学者彼得·弗兰科潘写的《丝绸之路：一部全新的世界史》（浙江大学出版社，2016年）不仅多次获奖，且发行10万册以上。不过这本书是用丝绸之路的概念来解释世界史，而我推荐的美国学者芮乐伟·韩森的《丝绸之路新史》，是客观介绍中国丝绸之路本身的。韩森先生是耶鲁大学教授，世界知名的汉学家，他对中国历史的研究，尤其是对中国丝绸之路的研究，有其独到之处。

一

　　现在，"丝绸之路"是人人都知道的名词。但由于电视、网络和报刊等大众媒体的误导，公众对其概念存在许多误解甚至错误。要了解今天"一带一路"倡议的意义，应该首先对"一路"中的"丝绸之路"的历史真相有一个了解。本书的序章正是为了澄清有关丝绸之路的历史真相。读这本书，要从认真读这一章开始。

我们了解丝绸之路，要了解丝绸之路的哪些特点呢？

第一，丝绸之路的贸易状况。在许多人的想象中，经由丝绸之路的贸易是相当繁荣的，但根据留下来的文书可以看出，实际的贸易额相当小。当时这地区的人仍以农业为主，而不是以商业为主。丝绸之路产生的影响更大的还是佛教、摩尼教、祆教和景教的传入。而且，从事贸易的主要不是汉人，而是来自撒马尔罕的粟特人。

第二，丝绸之路不是以丝绸为主要交易品的大道。丝绸之路并非一条大路，而是一个穿越了广大沙漠、山川，不断变化且没有标识的道路网络。而且丝绸只是包括矿物、香料、金属、马具及皮革制品、玻璃、纸等交易物品中的一种，且丝绸在交易中更多地作为货币使用。"丝绸之路"这个词来自19世纪德国地质学家费迪南·冯·李希霍芬男爵。他于1868～1872年在中国工作，调查煤矿（山西丰富的煤矿就是他发现的）和港口。在他所画的地图上，他把中国到罗马时代欧洲之间的道路描绘成一条笔直的大道。实际上，这是他为德国设计的从山东经过西安到德国的铁路线。实际上，丝路地区的地形十分复杂，行走极为艰难。丝路上许多重要发现，主要归功于瑞典探险家斯文·赫定和英国人奥里尔·斯坦因。

第三，丝绸之路的历史。在不少人的认知中，沿着这条路的贸易应从西汉开始，即人们所知的张骞通西域。实际上，这条

丝绸之路的历史真相
——《丝绸之路新史》

路的贸易开始得很早，可以追溯到公元前1600年～公元前1046年的商朝。而在更早的公元前1800年，就有不同民族的人在这里生活。陆上贸易在公元前几个世纪前就有了，只是最早关于丝路贸易的记载与张骞相关。

第四，秦汉时的中国与罗马并没有联系。有一家相当有名的媒体曾介绍，有一个罗马军团在西汉时进入中国并定居下来，但这并不是真实的历史。在历史记载中，一个向西汉皇帝进贡的使团来自大秦，但这个使团献上的是东南亚的象牙与犀牛角，并不像是真的来自罗马。中国是世界上最早制造丝绸产品的国家，最早在公元前2850年～公元前2650年的良渚文化时期。但公元1世纪进入罗马的丝绸并非来自中国，而是古印度或爱琴海东部的科斯岛，在公元5世纪的拜占庭帝国时期，才有少量中国丝绸通过阿拉伯人进入欧洲，中国境内也没有出土过罗马钱币，出土的是波斯萨珊王朝的银币。

弄清了这些概念，我们就可以跟着作者考察丝绸之路的7个重要的遗址。

二

首先是尼雅和楼兰。在尼雅及附近发现的木质文书证实，在丝绸之路上，公元200～400年存在过一个绿洲王国，即楼兰王

书山寻宝

国。它从尼雅一直到罗布泊,长800公里。来自位于今天阿富汗和巴基斯坦的犍陀罗地区的移民,用佉卢文写了地契、公文,并记录了成千上万件其他重要事情。汉朝的中文古籍也记载了这个王国与中国早期王朝的关系。这些资料证明了丝绸之路在语言、文化和宗教交流传播中的作用。英国探险家斯坦因最早来到这里,证明了中国新疆是印度、中国和希腊化的西亚早期文明交流的孔道。瑞典探险家斯文·赫定和英国探险家斯坦因都先后来过楼兰,他们的探险带来了重大发现。

斯坦因从印度进入中国的塔克拉玛干沙漠,走的是与近2000年前的移民走过的同一条路。这一路有古人留下的画和字,有佉卢文的,也有婆罗米文的,证明从公元前4世纪亚历山大征服犍陀罗开始,这一地区就是希腊、印度和东亚文明交汇之处。汉朝在此曾有驻军,这里住着汉人与其他民族的人。通过这里,养蚕、缫丝技术向西传播,棉花从西向东传入。楼兰的贸易与驻军相关。驻军用粮、钱、绢从当地买粮、马、衣服和鞋。这里的粟特人为军事将领服务。斯坦因在此发现了不同用途的文书,还有楔形木板写的王命或政令。妇女也参与经济活动。这里流通的货币不多。除了文字,移民还带来了佛教。在3~4世纪,尼雅和楼兰由于环境恶化而被放弃。在5世纪之后,穿越塔克拉玛干的交通停滞,人们改走塔克拉玛干北道。

北道的重镇是第三个遗址龟兹(今新疆库车)。丝绸之路是语言交流的场所,也是佛教进入中国的门户。著名的龟兹人鸠摩

丝绸之路的历史真相
——《丝绸之路新史》

罗什掌握多种语言，他主持的团队把300多种佛经从梵语译为汉语。这里还有著名的佛教石窟克孜尔石窟，其中许多壁画已经被勒柯克等人挖走。法国探险家希伯和在这里收集了很多龟兹语文书。龟兹同时与匈奴人和汉人交好，先服从匈奴，后服从汉朝。这里的人用汉字音译梵语的方法，为汉语增加了3500个新词，包括今天常用的"刹那"。德国语言学家西格（著名学者季羡林的老师）弄清了吐火罗A（焉耆语）和吐火罗B（龟兹语）的关系。这里还发现了石油（今库尔勒油田）。龟兹发现了各种物品，已发现人们使用的铜币。龟兹语的文书还记载了世俗的贸易，表明当年经济繁荣，有自然经济也有货币经济。唐代在这里有驻军，军队保护贸易。文献没有记载民间商人进行长途贸易。唐朝军队撤走后，有旅行者与小贩维持的小额贸易。

高昌（今吐鲁番）也是丝路北道一个繁荣的地方，连接着汉文化圈与伊朗文化圈。粟特人、汉人与本地居民住在这里。玄奘取经时曾经过这里，并得到当地统治者的支持。汉化的麴氏从502年开始掌权，许多汉人迁至此，当地人也用汉语。流通的货币少，以丝绢为货币。唐占据高昌国后这里更为汉化，实行唐朝法令。重要的贸易伙伴是伊朗而非罗马，曾用萨珊王朝的银币，存在小额贷款。粟特人以经商闻名，但也从事各种职业。粟特人用汉姓康、安、曹、何、米、史、石。从所留下的《称价钱账》看，贸易的交易额并不大，最多的800斤。《交河郡市估案》中列举了交易的350多种商品，多为面粉、洋葱、大葱、日用品及牲口，还有很多来自伊朗的商品。当时这里有佛教、基督教、摩尼教、道教、祆教和当地民间宗教。755年唐军撤走后，当地经济又回到自然经济。丝路贸易在很大程度上是唐代政府驻军的副产品，而非民间商人长途贸易的结果。

在丝路上经商的，以来自撒马尔罕（今乌兹别克斯坦首都塔什干）的粟特人为主。这里属于伊朗文化圈，讲中古伊朗语的粟特语。玄奘取经也经过这里。斯坦因发现了两组文献，一组是在敦煌附近发现的4世纪早期的8封粟特文古信件，另一组是在撒马尔罕郊外发现的近100件文书。信件表明在4世纪早期，洛阳、长安、武威、酒泉和敦煌有粟特人聚落。这些信件是商人写的，反映了他们在中国改朝换代的混乱时期仍然从事商业和长途贸易。苏联人在1947年发现的塔吉克斯坦境内的片治肯特，是一座小城。这里有零售业，但来自商队贸易的物品很少。更多的贸易证据来自数以千计的铜钱，这些铜钱圆形方孔，有的还有汉字。还有少量萨珊王朝银币与仿造的拜占庭金币。撒马尔罕阿弗拉西阿卜遗址的壁画反映了以撒马尔罕为中心的世界。1933年苏联考古学家在塔吉克斯坦穆格山发现的近100件珍贵文书说明，除纸和丝，其他产品都是本地制造的，经济基本上以物物交换为主，且男女平等，特别是穆斯林军队控制了撒马尔罕后，波斯语逐渐替代了粟特语，伊斯兰教替代了祆教。中国的造纸技术8世纪之前就传到了中亚。这些考古发现中对贸易的描述少得惊人，说明丝路商业大体上是本地贸易，由小贩在短距离内进行。

丝绸之路的历史真相
——《丝绸之路新史》

丝路的终点是长安。公元后的第一个千年是丝绸之路的鼎盛时期，各路来客经海路或陆路来到长安。在长安、山西太原和宁夏固原都发现了粟特人的墓，说明了他们是如何被改造和适应汉人的文化习俗。从北魏起，中原王朝就授予粟特聚落的头人官职，名为萨宝。唐时长安有东市与西市，东市以国内产品为主，西市则外国货更多。西市周围有外国人住，他们有自己的宗教，"唐大秦景教流行中国碑"记载了唐时基督教的在华史。长安的工匠用废的质库账历做的纸俑人表明7世纪长安人如何生活以及他们进行的小额交易。在西安何家村发现的银器，体现了胡汉结合的艺术风格。安史之乱以后，粟特人受到清洗。唐武宗又先后取缔了摩尼教、佛教、祆教和景教。自从唐朝军队在8世纪50年代从西域撤军以后，陆路贸易衰落，海路兴起。公元904年，唐朝名存实亡，907年朱温废唐哀宗，建立后梁，五代十国时代开始，长安失去昔日荣光，商路被切断，丝路贸易进入沉寂期。

敦煌藏经洞是丝路历史的凝固瞬间，也是作者介绍的丝路遗址之一。如今荒凉的敦煌在1000多年前曾是一个绿洲，这里是佛教的朝圣中心和贸易中转站。石崖上石窟里的佛教壁画，融合了印度、伊朗、中国及中亚等地的元素。藏经洞中保存的文书和文物，有佛教、摩尼教、祆教、犹太教、景教等各种宗教的文献，展现出这一地区的多元化和国际化。

敦煌藏经洞的发现，与英国探险家斯坦因相关。斯坦因和其助手蒋孝琬通过王道士获得了一批藏经洞中的文书与文物，并运

书山寻宝

回英国。之后,法国汉学家希伯和、俄国人奥登堡都获得了一批文书,中国政府也运走了一些。洞中最早的文书是一件405年的佛教作品,最晚的年代为1002年,最有名的是868年的雕版印刷的《金刚经》。洞中有汉语、藏语、梵语、于阗语、回鹘语和粟特语佛教文书,还有希伯来语祷文、祆教文书、摩尼教文书,表明对不同宗教的包容。在唐代,吐蕃人曾经统治敦煌,848年又建立了汉人政权。文献中出现最多的是旅行者和僧侣。寺院是当地最富有的机构,财物清单至今保留,这些财物包括织物、金属器、香料、宝石四大类,有些产自国外,有些产自国内。带来外国物品的可能是使者。不过除了拨给西北官兵的军饷,所有文献都指向小规模的本地贸易,而不是繁荣的长途贸易。外国产品并不多,贸易对当地人的影响微乎其微,当地仍以自然经济为主。国家派遣的使团在货物流通中起了重要作用。敦煌文献中反映的贸易状况与其他材料吻合,没有提到与罗马或其他遥远地方的长途贸易。敦煌文献中呈现的丝路贸易图景详细而精确。

最后一个丝路遗址是于阗(今和田)。这里是佛教和伊斯兰教的入疆通道。这里的绝大部分居民不是汉人。1006年,信奉伊斯兰教的喀喇汗王朝征服了信奉佛教的和田王国,使和田及周围绿洲城市的居民改信伊斯兰教,维吾尔语取代了于阗语。

和田是新疆西南最大的居民点,也是宗教进入西域的理想枢纽。公元200年,佛教从印度进入这里,以后的800年里,佛教向东传播并成为中原地区最重要的宗教,其间,于阗一直是研习、

丝绸之路的历史真相
——《丝绸之路新史》

翻译佛教文献的重镇。1983~1995年挖掘出的山普拉古墓群中，有很多当地人与西方交往的生动例证。公元2~3世纪，印度人把佛教文献带到这里，汉人朱士行在公元3世纪来到这里，寻找一本梵文典籍，并在此住了22年。这里还有最壮观的佛教遗址热瓦克佛寺。以后几个世纪里，由于国王的支持，于阗一直是佛教学问的中心，于阗语文书全是佛教文献的译本。著名的古于阗文写本《赞巴斯塔书》是唯一的非梵文写本。丹丹乌里克文书的记载说明，于阗人已经发展出一套复杂的法律系统，其中记载了各种交易，如移交用水权、借贷、收养等。唐朝的官僚系统深刻地影响了于阗人和以后占领这一地区的吐蕃人。从敦煌的于阗文文献看，其中只提到了于阗的使者和僧人，没有提到商人。1759年，清政府控制了西域，但仍把权力委托给当地人，直至今天，这里的居民有98%为维吾尔族，信奉伊斯兰教。

三

对读者来说，本书的序章和结论部分是最重要的，这两部分有画龙点睛之作用。这两部分澄清了有关丝绸之路的混乱看法，就丝绸之路本身讲历史真相，没有古为今用的目的，这正是研究历史应该做的。那种"影射史学""古为今用"史学的"四人帮"遗风，会危害对历史真相的探讨与研究。别人可以用史学家

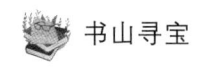

的研究成果来做他用,但史学家本身的任务是揭示、接近历史的真相。从这个角度说,结论部分并不长,但值得仔细阅读。

这套中亚陆路的历史说明,丝绸之路的意义并不在于贸易。如果把它作为一条贸易之路来研究,没什么价值。正如作者所说:"如果通行货物的重量或者往来人数是考察一条道路重要性的唯一标准,丝绸之路曾是人类历史上交通流量较少的道路之一,也许研究的价值不算大。"在中国历史上,就贸易而言,中俄之间的茶叶之路、从广州到欧洲的丝绸之路、从泉州到东南亚的贸易路线,都比丝绸之路重要得多。夸大丝绸之路的贸易作用,是基于"古为今用"的历史观,必然歪曲历史。

但丝绸之路是极为重要的,这就在于"丝绸之路之所以改变了历史,很大程度上是因为在丝绸之路上穿行的人们把他们各自的文化像其带往远方的异国香料种子一样沿路撒播""这条路网是全球著名的东西方宗教、艺术、语言和新技术交流的大动脉"。我想补充的是,它也是中国汉族与其他少数民族融合的大熔炉。

丝绸之路指从中国向西,经过中亚到达叙利亚甚至更远地区的陆路,但完全源于自然而非人为铺就的路。它不是古罗马的大道,也不是秦始皇修建的大道,当然更不是今天的高速公路。这些路线的形成可以追溯至人类起源的时期,往来货物最早的证据来自公元前1200年中国商代时期。西汉张骞通西域,被认为是丝路开通的标记,但其目的不在贸易。在这一路的遗址中,贸易存

丝绸之路的历史真相
——《丝绸之路新史》

在,但规模有限。这些地方都有市场,但本地货物大大多于进口货物。在盛唐之前,丝路贸易繁荣的原因在于政府为当地驻军输送物资,所以安史之乱后,自从唐朝切断了对该地区的供应,丝路经济就此崩溃,退回到与此前类似的物物贸易。

虽然贸易有限,但各色人等沿着不同的路线穿行于中亚、东西方文化之间的文化交往非常广泛。这条路上最重要、也最有影响的人群是难民。他们把外国的技术带到这里,又把中国的技术传播出去。造纸和纺丝技术向西传播,制造玻璃的技术由此而来。第一波进入这个地区的是犍陀罗人,他们把佉卢文、书写技术及带沟槽的木板带给当地人,也带来了他们信仰的佛教。这里最重要的移民是来自撒马尔罕的粟特人,他们定居中国之后从事各种职业,融入汉人。西域的每个地方都有多个移民聚落,很多都延续着母国的宗教习俗,他们语言中的词汇也被汉语吸收。敦煌藏经洞中保留了大量各种文字的文献与文物。1006年于阗陷落导致藏经洞封闭,并在西域地区引入伊斯兰文化。今天,中国会继承丝绸之路的这一传统——对外开放,吸收各民族优秀的文化。

四

这本书是严肃的学术著作,它没有任何其他目的地仅仅研究历史本身,揭示历史真相。当然,精确的真相是不可能探找到的,但通过历史文献和考古发现接近真相是可能的。作者并不是根据现实的需要对文献进行曲解或没有根据的想象。作者得出的结论是,丝绸之路的贸易意义并不大,关键在于文化交流。这些结论都有历史文献和7个遗址的考古发现为依据,与其他学者研究丝绸之路的同类著作相比,这本书更严肃也更有说服力。

一般认为,学术著作尤其是涉及考古发掘的著作,往往不太容易读,许多专业术语对普通读者而言也太陌生。但这本书的作者在写作时尽量避开了许多过于专业化的内容,所选的文献和考古成果可以恰如其分地证明作者的中心论点。尽管是学术著作,但写得一点也不学术化,不枯燥,内容丰富而且有趣,把许多文献和考古发现讲得所有人都能轻松读懂。还应该指出,翻译这样的书并不容易,尤其要把中文原文译成的英文再还原为中文,必须查阅大量资料,这本身比从英文译为中文更难。但译者、哈佛大学近东语言与文明系伊朗学博士张湛先生圆满完成了这一工作。全书的译文准确、流畅。最后的"丝绸之路主要地名中英古今对照表"有助于读者弄懂许多不了解、不熟悉的地名,对阅读全书极有帮助。我们能读到这样一本好书,要感谢作者与译者以及编者的共同努力。

读完这本书,我想到的一个问题是,为什么中国学者写的这种好读又有意义的书不是很多?我想,一是附庸风雅者多,认真做研究者少。一个热门题目一旦出现,就有许多粗制滥造的书出

丝绸之路的历史真相
——《丝绸之路新史》

现。这种跟风坏了学风。学术不能跟风追时髦,为跟风求快,粗制滥造的书就成堆出来了,但风去后这些书就都变为废纸了。这也与学风问题有关。二是不能坐下来真正读点书。一本好书是在大量阅读与思考的基础上形成的,尤其是史学著作,更是坐冷板凳的结果。三是阅读面窄。一些学者只读与自己专业相关的书,而对其他不相关学科了解太少,读书面窄,眼界就没法放宽,难以高瞻远瞩,写的书就缺乏高度,也缺乏可读性。有些外国学者写的中国史著作超过中国学者,这本身就是一个值得思考的问题。

我还想到的一个问题是:什么是开放。仅仅有贸易绝不是开放。晋商当年也把贸易做到俄罗斯等地,但他们却是相当保守、封闭的。正是这种保守与封闭葬送了辉煌500年的晋商。开放当然包括贸易,但更多的是文化的交流,吸收其他民族优秀的文化,不能故步自封、夜郎自大,认为老子天下第一。以这种态度去扩大贸易,才有思想上的开放。历史上,汉唐都是开放的大国,这才有了汉唐的辉煌。明清的封闭则是近代中国挨打的原因之一。记住这一点,我们的中国才会有更辉煌的未来。

阅读推荐

芮乐伟·韩森 著,《丝绸之路新史》,北京联合出版公司,2015年。

读商帮小说

——《白银谷》《大清商埠》《大商无界》

只要不"戏说"或"大话",用小说来展现历史是一种好做法。没有《三国演义》,我们对三国的历史有那么多了解吗?没有高阳的《胡雪岩》,又有多少人能知道这个大商人?历史小说通俗而有趣,只要不是离历史事实太远,就有其可读性和存在的意义。因此,我提倡读几本优秀的商帮小说。

一

为什么要读商帮小说?

从2002年起,我为20多所高校的EMBA班讲授管理经济学这门课。这门课的内容完全是从西方引进的,是对西方企业管理经验的理论总结。但中国有自己独特的历史、文化与现实,这些理论并不完全适合中国企业的现实。在企业管理方面,全盘西化是行不通的,现实中也没有一家企业这样做。

那么,我们中国的管理经济学又在哪里呢?也正是在这时,我大量阅读了与中国历史上各个商帮有关的书。中国明清时期,出现了晋商、徽商、粤商、闽商、宁波商、龙游商、江右商、洞庭商、陕商和鲁商十大商帮。他们成功的经营，促成了明清时商品经济的繁荣。读这些商帮的书，我深深感到，这些商帮在中国文化传统的基础上形成了一套行之有效的企业管理与经营方法，如果有人把他们的经验写出来，就是中国的管理经济学。可惜我们只看福特、比尔·盖茨如何成功，学习他们的经验，忘了自己祖宗的管理经验。为了弥补这一点，我在一些学校的EMBA班上开设了中国商帮文化课程，也在不同场合就整个商帮或其中一个商帮开设讲座，这些内容受到广泛欢迎。要搞好一个企业就应该把管理经济学中的西方理论与商帮文化中的中国经验结合起来，二者缺一不可。

讲课和讲座毕竟时间有限，只能做粗线条式的简略介绍。要了解商帮，还是要读书。但许多关于商帮的好书是纯学术性的，资料与论述都相当好，但不够通俗，大段引用古文资料，同时也缺乏趣味性，许多人往往读不了几页就昏昏欲睡。因此，我想到推荐大家读更容易读的商帮小说。

用各种文艺形式来介绍商帮文化，有其不可低估的作用。大家正是从电视剧《晋商》《乔家大院》以及话剧《立秋》等文艺作品中了解了晋商，这些作品也使清代晋商和票号的中心平遥县和祁县的乔家大院成为旅游热点。类似这样好的文艺作品还不少。不过也应该指出，有一些关于商帮的电影、电视剧和小说属于"戏说"或"大话"，离真实的历史距离太远，根本没有反映出商帮的真实情况和商帮中体现的中国文化。在文艺作品粗制滥

读商帮小说
——《白银谷》《大清商埠》《大商无界》

造、泥沙俱下的今天,这种良莠并存的情况也不奇怪,只是我们在试图通过文艺形式来了解中国商帮文化时要注意选择。我的这本书重在读书,而不是电视剧或其他文艺形式,因此,我在这里就介绍几本优秀的商帮文化小说。

二

晋商是10大商帮之首,号称"天下第一商帮"。因此,我们就从介绍写晋商的小说《白银谷》开始。

《白银谷》的作者是山西本土作家成一。小说写的是从光绪二十五年(1899年)到光绪二十八年(1902年)间,太谷康家"天成元"票号发生的故事。这一段是晋商的"回光返照"时期。事业看来还是辉煌的,但许多矛盾已经暴露出来了。一开始,小说就讲到天成元经历了许多磨难。天成元西安分庄老帮邱泰基、天津分庄老帮刘国藩违规腐败被处分;康家儿媳妇五娘在天津被绑架遇害,五爷变傻;尤其是北京、天津分号在庚子事变中毁于一旦,但天成元仍然在顽强应对。书中把晋商(又称西帮)的成功归于"博学""有耻""腿长"。"博学"是对专业的精通,对经营相关知识的广泛了解;"有耻"是有道德,有信誉,讲诚信;"腿长"是去的地方多,经营范围遍及全国。晋商打破"学而优则仕"的传统,以经商为荣。天成元大东家(亦本书第一男主角）康笏南反对他的六儿子考举人，精明强干的何开生中举后就失去了经商资格。山西清代未出过状元，就与这一传统相关。当然，作为中国商人，经商仍然按传统文化。商号内部实行身股制，员工可以分红，这是有福共享观念的体现。这种激励机制在晋商中起了关键的作用。同时，在内部关系上，东家与掌柜的信任、员工对东家的忠诚，正是"父父子子，君君臣臣"秩序的反映。而晋商成功最关键的原因就是诚信经营。庚子事变后，大量达官贵人出逃，到"天成元"总号挤兑，"天成元""赔得起"的做法显示了对客户的诚信，也是晋商衰亡中的最后光芒。晋商的成功也离不开官商结合，寻找政府的帮助。康家主事人康笏南不惜以30万两白银在徐沟求见西逃的西太后和光绪帝，正表现了这一点。清亡后，晋商就不可避免地衰亡了，但康笏南最后仍坚守诚信，像一个英雄一样死去。当然，中国文化有其固有的缺陷，这就是保守与封闭。"天成元"拒绝改组为现代银行，是它灭亡的主要原因。而拒绝的原因既在于对现代银行的根本无知，也在于对票号这种业已过时的金融组织的迷恋。维护旧传统，拒绝新事物，正是保守与封闭的体现。

《白银谷》以小说的形式再现了晋商的种种特点。晋商的成功在于打破"学而优则仕"的传统，同时又把中国文化中优秀的传统作为自己经商时商业伦理的基础。同时，传统文化中的糟粕——人治、保守与封闭，则使它在世界走向现代化的过程中衰亡。小说用故事体现出了晋商的这些特点。虽进行了艺术化

读商帮小说
——《白银谷》《大清商埠》《大商无界》

改编，但却是历史事实的真实再现。准确地抓住了晋商的特点，正是这本书成功的原因。因此这本书入围茅盾文学奖评选并不奇怪。

应该特别指出的是，这本书之所以写得好，与作者的努力密不可分。作者成一先生一直生活于晋商的中心之一太谷县，为了写本书又到乔家所在的祁县收集资料、调查访问，同时阅读了大量晋商的资料。他用15年下功夫研究晋商，才写成如此成功的作品。这本书是虚构作品，但处处以真实为支撑。现在像这样认真写一本小说的作者，已属于"濒临灭绝的野生动物"了，而且是大熊猫级的。根据这本小说改编有电影《白银帝国》和《白银谷》，但都不成功。改编者没有抓住这本书的精神，进行了一些违背历史真实的改编，艺术上粗制滥造，失败是必然的。

关于晋商，我还想再推荐两本小说。一本是《白银谷》的作者成一先生写的《茶道青红》（作家出版社，2009年）。《茶道青红》写的是晋商中从事茶叶生意的康家。他们从雍正年间就开始从事恰克图的茶叶外销生意，在人治的传统下，大东家又兼大掌柜，事无巨细，亲力亲为。下一代康乃懋兄弟才能平平。乾隆十四年，中俄两国发生边境纠纷，清政府关闭恰克图口岸，停止两国贸易。康乃懋外出俄罗斯无法返回，其子康全霖尚年幼不能接任。主事的戴夫人自感不支，遂把经营管理权交给冯得雨，并任命其为大掌柜。封关取消后，康乃懋回来，经过一番曲折，终于认可了戴夫人做出的两权分离决定，形成晋商特有的伙东制。小说讲的正是这种晋商两权分离形成的曲折经历。两权分离是晋商的一大特点，用小说来写这一过程，既真实又传奇，值得一读。

另一本是内蒙古作家邓九刚写的晋商个案研究《大盛魁商号》（共三册，中国画报出版社，2008～2010年）。邓九刚先生长期研究晋商，尤其是对茶叶贸易有独到的研究，出版有专著《茶叶之路》（内蒙古人民出版社，2000年）。大盛魁是一家历史上存在过的企业，从事蒙古与俄罗斯贸易，在蒙古影响极大，存在200余年。小说《大盛魁商号》描述了这个商号的后期，东家与大掌柜的内斗。大盛魁原为三人共同创立，之后这三家子孙繁衍，股权极度分散，而且各东家只关心个人利益而不顾企业。大掌柜在股东分散、东家无法决策的情况下，控制了决策、经营、管理权，即今天所说的"内部人控制"。东家与大掌柜对立。小说中，大东家之一的史家为对抗大掌柜，向官府告发大盛魁走私茶叶。而大掌柜掌了权，只想享受甚至贪污，致使大盛魁在200年辉煌后走向衰亡。这本小说写得相当精彩，也值得一读。

关于经商的小说还有不少，或者我没读过，或者我认为内容平平且写得离历史的真实太远，就不介绍了。

读商帮小说
——《白银谷》《大清商埠》《大商无界》

三

粤商是在中国清代特殊的、扭曲的、封闭的外贸体制下的对外贸易商人。与其他商帮不同,它有两个特征。第一,既是官又是商,集官商于一体,与其他商帮的官商结合显著不同。在中国与外国并没有正式外交关系的情况下,当十三行的商人就必须买一个官,这个官并不虚,还要充当政府与外国人打交道的中介,承担一些本应由政府承担的职能(如征收关税)。而它的本职工作仍是对外贸易商人,通过商业活动赚钱。这就使它一方面可以依靠政府的外贸政策,即全国只开放广州一个港口,中外商务只能通过十三行,实现对外贸易的垄断,获取高利润。另一方面,由于清政府的排外和外商竭力想进入中国,中外发生对抗。粤商既不敢得罪政府,又不敢得罪洋人,只能受夹板气,两头不讨好。而且,有了政府给的特权,十三行也成为政府勒索的对象,作为"天子南库",要无止境地满足政府贪得无厌的索取,苦不堪言。第二,在与洋人进行贸易的过程中,十三行也不知不觉地接受了洋人的影响,具有开放意识,成为最早一批睁眼看世界、颂开放之风的商人。鸦片战争后,粤商衰亡,但他们进入上海,成为第一代买办或洋务运动的骨干,为上海的繁荣奠定了基础。祝春亭和辛磊合写的《大清商埠》正反映了粤商的这两个本质特点。

书山寻宝

《大清商埠》的故事围绕十三行行首潘振承展开。潘振承是历史上真实存在的人物，原为福建人，来粤经商。他生活在乾隆年间，这也正是粤商的兴旺时期。当时名为"康乾盛世"，实则极为保守封闭、夜郎自大。十三行公堂上挂着一幅《皇朝山海万国朝贡图》，大清位于世界中心，几乎占了图的一半，四周是藩夷小国。英国一商人企图送一个地球仪改变这种错误，却触犯了龙颜，甚至引起当年一起冤案，十三行行首陈寿洋差点被满门抄斩，儿子冤死狱中。你可以想到，在这样的体制下从事外贸有多困难，而粤商正是在这样的环境下生存和发展的。

清政府为维护虚荣心实行"朝贡贸易"。他们不屑于与洋人贸易，甚至不愿与洋人打交道，但出于对洋货和关税的需求，就委托十三行与洋人贸易，并代表政府承担一些对外职能。乾隆二十二年后，广州是唯一的外贸关口，十三行是唯一的外贸商人，他们垄断了外贸而致富。潘振承原为陈寿洋的帮工，后成立同文行并任行首。如前所述，十三行在政府与洋人的夹缝之间生存，因此，他们的重点不是经商，而是如何在两者之间耍手腕，搞平衡。小说写粤商，重点也不在如何经商上，而是在粤商如何游走于政府和洋人之间。

十三行商人除了要作为"天子南库"满足政府官员对洋货和资金的需求，还要执行"保商制度"，即十三行某一家欠洋人的钱，无力偿还，则由十三行的其他各行共同偿还。同时，十三行要执行政府制定的对洋人的各种限制规定，也与洋人矛盾重重。

读商帮小说
——《白银谷》《大清商埠》《大商无界》

与其他商帮还有不同的是，其他商帮内存在竞争，但总体上以合作互助为主，但粤商内部为争当行首，争夺有限的外贸机会当保商，相互之间的斗争到了不择手段、不知廉耻的程度。小说中，严济舟先与陈焘洋斗，后与潘振承斗，整整斗了一生，手段之卑劣，令人匪夷所思。

小说对粤商的这些特征写得栩栩如生，编了许多并不离奇的故事，情节曲折复杂，但并没有违背历史的真实。

这本小说的两位作者，祝春亭为华东师范大学教授，以研究粤港商史著称，是粤商研究专家。他作为作者之一，保证了这本历史小说的真实性，能准确地反映出粤商的基本特点。另一位辛磊是记者、作家，又是广东人。他的参与使这本书好读、有趣。虽然这本书有三大卷，近80万字，但读起来并不觉得冗长烦人。我是外出讲课时，用连续几个晚上读完的。

四

与其他商帮比，宁波人经商历史尽管很长，但形成一个商帮的历史并不长。一般认为，宁波商帮形成于乾隆初期。但在中国近代经济史上，宁波商帮的影响最大，这是由于它和其他商帮不同的一个特点：1842年鸦片战争之后，中国社会从封建社会进入转型时期。此时，其他商帮都没有实现整体转型，既没有从传统商业转向现代产业,或从传统票号、钱庄、当铺这些金融形态,转变为现代银行这种金融形态,从而先后衰亡了。但宁波商帮完成了这种转型,实现了华丽的转身。他们建立了中国最早的民族工业,也建立了中国最早的民办银行,从传统的商人变为现代企业家。他们的活动集中于上海,使上海成为中国经济金融中心。宁波商帮控制了上海经济,也执中国经济之牛耳。20世纪50年代初,宁波商帮把主要经营活动转移到香港,是促进香港经济繁荣的中流砥柱。80年代后,宁波商帮又在国内投资,成为中国经济腾飞中一股不可忽视的力量。到现在为止,宁波商帮整体上仍然存在,并坚守自己的传统。可以说,它在整体上是一个开放、有眼界、敢开拓的商帮。在这个意义上,它也是中国最成功的一个商帮。

宁波商帮的成功转型,不仅与这些商人的开放观念相关,还与他们的另一个特点有关,这就是宁波商帮被称为"草根商人",他们从来没有寻求政府与官员的权力作为靠山,实行官商结合。我们知道,中国历史上著名的商帮,如晋商、徽商、粤商等都有不同形式的官商结合,他们的成功在不同程度上靠了官府背景。但宁波商帮自产生起就不靠政府。尽管他们对蒋介石提供了一些帮助,但蒋介石成功之后,他们也并没有要政府支持他们的商业活动。他们凭自己的能力经营,没有官方背景就自谋出路,这就需要不断创新、开拓,并实现华丽的转身。而那些靠政府的商帮,官兴则商兴,官衰则商衰。

读商帮小说
——《白银谷》《大清商埠》《大商无界》

车弓先生的小说《大商无界》正是写清末民初宁波商帮成功转型的历史过程的。在这部小说中，黄、李、张三个家族在宁波江厦街兴商贸、开钱庄、举实业，之后又来到上海成功转型，从事实业与金融业。小说的主线人物是以毛承章为首的钱庄庄主，通过祖产继承、发行太平通券、借资兴办船厂、抵御洋纱等一系列事件，实现了从传统商人向现代企业家的转移。这个历程既曲折又艰苦，反映了宁波商帮转型的艰辛。但他们成功了。

这部小说对宁波商帮成功转型这一中心抓得很准，突出了宁波商帮的基本特征。在我看来，这本小说的艺术性并不如前面介绍的几部小说，在情节、语言等方面可推敲之处不少。但由于它反映了宁波商帮的基本转型过程，还是值得一读的。我们知道宁波商帮的辉煌，但了解这种辉煌的背后是什么，则更为重要。从这种曲折而艰辛的过程中，我们会更深刻、更全面地了解宁波商帮。

五

大家肯定会问一个问题：徽商在中国商帮中位居第二，关于徽商的文艺作品也不少，为什么没有推荐一本关于徽商的小说？

就我有限的阅读范围而言，我只读过一本徽商的小说。这就是黄维若先生的《大清徽商》（中国广播电视出版社，2005

书山寻宝

年）。我觉得，这本书没有写出徽商的基本特征。作为小说，不是不可读，但从中无法了解徽商的特征。那么，徽商的基本特征是什么呢？

首先，形成于安徽徽州的徽商，都是北方来的移民。他们的特点是家族文化特别发达，至今徽州的家族与家族文化仍然是中外学者兴趣颇浓的研究对象。家族文化对徽商的筹资方式和经营管理模式影响极大。十大商帮中，家族文化与经商结合如此紧密的，只有徽商。

其次，徽商的主业为茶、木、盐、典当，以盐为主，因此也称为盐商。盐业在明代中叶由于政策从开中制改为纲盐制而兴起，清代中叶又由于政策由纲盐制改为票盐制而衰亡。徽商与盐息息相关，而盐业由政府垄断，因此徽商官商勾结的特点格外突出。

最后，与晋商"学而优则商"不同，徽商仍然信奉"学而优则仕"，从骨子里仍然是中国传统文化的"轻商"，从商只是生活所迫。所以，经商成功仍要通过科举入仕。他们比任何一个商帮都更重视文化与教育，正因为如此，徽州地区教育特别发达，徽商对文化的贡献也比任何一个商帮都大。

可惜，《大清徽商》只是一个讲有志少年通过奋斗成功的经历，这适用于任何一个商帮或商人，但没有突出徽商的特点。所以，这本小说没有被我列入推荐之中。

在我有限的阅读中，再没有见过写其他商帮的小说，无论好

读商帮小说
——《白银谷》《大清商埠》《大商无界》

坏。我觉得这是一个遗憾。中国的商帮由于传统社会"轻商"的特点,留下来的文字记载不多,当年燕京大学社会学教授陈其田想研究票号,但寻访多时多处,所得极少,连《山西通志》中对山西商帮、票号这样大的事都没有记载,更何况其他时期。不过流传在民间的故事、传说倒不少,这些故事与传言尽管不全是事实,但能流传下来,也不会是瞎编,这就为文学创作留下了丰富的素材。我们可以在此基础上发挥艺术想象力。

当然,写商帮题材的历史小说,也比写一般小说要难得多。要抓住一个商帮的特点,还是要下一番功夫深入研究的。成一先生写的《白银谷》和《茶道青红》都相当成功,正在于他有15年研究晋商的基础。不下这样的功夫,是写不出好的商帮小说的。写这种小说不仅要有文学天赋与文字功夫,还需要扎实的研究基础,但如果写得极好,肯定会有广泛的市场。

我不希望有什么商帮文学的繁荣,但希望有人写,每个商帮都应该起码有一部《白银谷》式的小说吧!

阅读推荐

成一 著,《白银谷》(上、下),作家出版社,2001年;

祝春亭、辛磊 著,《大清商埠》(三卷),花城出版社,2008年;

车弓 著,《大商无界》(上、下),作家出版社,2009年。

换个角度看中国海盗

——《明清海盗(海商)的兴衰:
基于全球经济发展的视角》

说到海盗，大家一定会想到中世纪的维京海盗，英国的海盗德雷克、霍金斯，以及明代的倭寇，他们杀人越货，为非作歹。

但国人与西方人对自己的祖先当过海盗这件事，态度截然不同。

一

西方人认为，当年是一个弱肉强食的丛林时代，当海盗也是一种生存方式。被生活所迫，敢于做海盗还是有点拼搏精神与能力的。从15世纪欧洲大航海时代开始，直到18世纪下半叶英国称霸全球海洋为止，所有欧洲商船都是武器商船，仗剑经商，亦盗亦商。那时，只有在海上专门从事抢掠的武装船，才被称为海盗（pirate），而且这些船只有在海上抢掠本国船只时，才会被惩罚。对抢掠外国船，特别是持有政府私掠许可证、抢劫敌国船只的海盗船，被称为私掠船（privateer）。不但不会被追究，政府还参股。英国女王不仅参股分享成果，还给这些海盗加封贵族称号。著名的大海盗德雷克被封为贵族,出任海军上将[1]。今天,北欧的瑞典、挪威、丹麦博物馆中都展示着当年祖宗当海盗的雄姿与成果,甚至有专门的海盗博物馆以示炫耀。

国人则完全不同,人们不懂得区分亦盗亦商的王直、郑芝龙与纯粹抢劫的陈思盼、卢七等,把他们一概称为"盗"。也许是受儒家传统思想的影响吧,从统治者到民众,大部分人都反对海盗。我在福建讲闽商是亦盗亦商的海盗集团,曾引起听众不满。在徽州,"愤青"们把王直的墓都毁了,讲徽商的书也很少提到王直,倒是日本人把王直作为开拓中日贸易的先锋。东西方对海盗的态度还在于黄土文化与蓝色文化的差别。

不过在改革开放后,国人的这种态度也开始改变。不少历史学家改变了对海盗的看法,不少历史著作客观地分析了海盗,也看到了他们在历史上的作用。澳大利亚华人雪珥先生的《大国海盗》(山西人民出版社,2011年)就是一本通俗、有趣、客观地介绍中国海盗的好书[2]。

这次推荐给大家另一本介绍中国海盗的书《明清海盗(海商)的兴衰:基于全球经济发展的视角》。从题目看,这本书有两个特色,一是海盗后加一括号"海商",说明作者不仅是写

---

[1] 阿根廷与南极之间以风暴著称的海峡就被命名为"德雷克海峡",以纪念他在海盗生涯中发现这个海峡的功劳。
[2] 我曾为这本书写过一个5000字左右的书评《隐而不传的中国海盗史》,收录于《随书而飞》,北京大学出版社,2013年。

换个角度看中国海盗
——《明清海盗（海商）的兴衰：基于全球经济发展的视角》

海盗，而是把海盗与海商作为一体，这就突出了这本书的研究意义；二是副标题"基于全球经济发展的视角"，表示作者是从全球经济发展、全球海洋贸易扩大和贸易垄断权争夺的角度来探讨中国历史上的海盗和海商，并不是从中国史的角度来看，这就有了新的视野和新的角度。这本书的出版引起学术界的高度关注，现在已在中国台湾出版了繁体版。

本书的作者是青年学者王涛，他是南开大学经济学院经济史专业博士，现于河北大学任教，这本书是在他的博士论文的基础上形成的。我一向重视博士论文，因为在许多学者的一生中，最精彩的书往往是博士论文，塞缪尔森的名著《经济分析基础》就是在博士论文的基础上写成的，这是他一生的代表作，也是获诺贝尔奖的主要代表作。一个人写博士论文时正年富力强，读大量的书，进行深入思考，并专心写作。这正是一生中没什么杂事，一心做学问的最好时候，当然也是学术上最有创见的时候。王涛先生在这本书上下了相当大的功夫，有许多不同于传统的创见，是一本相当有分量的学术著作。他的导师张丽教授在序言中对这本书的评价也是恰如其分的。当然，作为学术书，它的写法虽与通俗读物不同，但这本书读起来并不呆板教条。因为写得认真，有丰富的资料，又有引人入胜的分析，读起来另有一番风味。读书，总要读点这类有学术味的书。

书山寻宝

二

　　这本书的第一章与第二章分析明清海盗的背景。第一章介绍国内对海盗研究的情况，大致有三种观点：日本侵略论、生存压力论与贸易扩张论。我个人同意作者的看法，即海盗实际上是后两者的结合。起初应该是迫于生活压力，但一旦形成后就要求扩大贸易，与政府的海禁政策矛盾，进而形成持剑贸易的海盗兼海商模式。第二章介绍海盗形成的国际背景，即地理大发现之后，经济全球化的趋势。在地理大发现之前，国际海上贸易的中心在地中海，主要是热那亚与威尼斯争斗，最后威尼斯获胜。这时，西方与东方的贸易是间接的，但地理大发现后，国际海上贸易成为全球性的，葡萄牙、西班牙、法国、英国、荷兰等国自然也进入亚洲和中国沿海进行全球贸易。明清的海盗正是在这种国际形势下形成并发展的。本书在这种经济全球化的背景下分析海盗。

　　第三章分析明代倭寇，即王直等人的海盗兼海商活动。明朝的对外关系基本基于海禁与朝贡制度。明初政府实行海禁，禁止人民出海捕捞或贸易，同时对邻国实行朝贡贸易，即外国承认中国的天朝上国地位，向中国进贡，然后中国允许与其进行有限的贸易。郑和下西洋并不以开拓贸易为目的，也并没有打破贸易限制。这时，海上贸易就以走私为主。尽管政府严厉打击走私贸易，但由于管理效率低、官员参与及官员受贿，走私贸易发展

换个角度看中国海盗
——《明清海盗（海商）的兴衰：基于全球经济发展的视角》

得相当快。永乐年间，日本与中国建立朝贡贸易，并且贸易增加迅速，尤其是日本丰富的白银储量引起了各方注意。16世纪嘉靖时期，葡萄牙人进入中国沿海从事走私贸易。中日贸易的中心在宁波附近的双屿港，忠实执行海禁的朱纨自杀后，走私又一次活跃，而且这时葡萄牙人已退出，中国人主导了这种走私贸易，并形成以王直为首的海盗集团。

王直是安徽徽州人，在1540年左右开始从事对外贸易。他带领葡萄牙人进入日本，发现了与日贸易的机会，回来后加入双屿港许氏兄弟海盗集团。许氏兄弟或被杀或退出后，王直成为首领。王直更多地与地方政府合作，官方允许王直的贸易，王直协助政府维护沿海安全，打击竞争对手，垄断对日贸易，并消灭了陈思盼集团。此后，沿海走私贸易再次活跃，王直与地方官合作，海盗活动减少，社会治安好转，但嘉靖皇帝仍以海禁为本。俞大猷因此攻击并驱赶王直，引起海上贸易瘫痪。海商又成海盗后，王直转到日本，继续从事走私活动。有总督想招安王直，王直也愿意，但皇帝不同意，王直被杀。

嘉靖皇帝去世后，隆庆皇帝（明穆宗）实行了隆庆开关，放开了私人海上贸易，但开放十分有限。为了限制贸易，政府把出海点限于漳州月港这个不方便的小港。这时仍有走私存在，并形成以林道乾、林凤为首的海盗集团。明政府与葡萄牙、西班牙合作消灭海盗集团，结果葡萄牙垄断了中日贸易。

第四章讲荷兰与英国两个东印度公司在亚洲的扩张与西印度

群岛的海盗，实际上是为第五章分析郑芝龙集团的兴衰提供一个背景。

德川幕府统一日本，改变了东亚贸易格局。葡萄牙受到排挤，日本商人的海外贸易受到限制（由于日本的闭关镇国政策），为中国商人重新垄断中日贸易创造了条件，但荷兰进入并占领了台湾。这时郑芝龙集团形成，又控制了中日贸易。

郑芝龙是福建泉州南安府石井镇人，从小跟舅舅黄程从商，学习了经商技巧、葡萄牙语，并皈依基督教，后进入李旦集团。李旦和另一海盗颜思齐去世后，郑芝龙接受了这两个人的部下及财产，在东南沿海形成了自己的集团。郑芝龙从事中日贸易，并进攻福建沿海漳浦等地，明政府无力对抗，只好招安。招安后，郑芝龙与明朝水师合作，消灭了李魁奇、钟斌和刘香等海盗集团。郑芝龙的成功威胁了荷兰人的利益，但荷兰人在与郑芝龙对抗失败之后，只好承认了他对台湾海峡地区的垄断权。

郑芝龙集团兼有海盗与海商的特点，结合本书与其他资料，他的商业活动在中日贸易中占绝对优势。据记载，进入长崎的中荷船只之比到1646年已达54∶5；在中日贸易中，郑芝龙集团占了80%。郑芝龙集团还积极发展与东南亚地区的贸易，也从事国内贸易，并以内陆贸易支持外贸，为此建立了金、木、水、火、土、五商，总部在杭州，以国内贸易为主，称为山路，而从事海上贸易的是礼、义、仁、智、信五商，中心在泉州。当然他们亦有海盗的一面，这就是在海上强行征收"报水"，海上的船只

换个角度看中国海盗
——《明清海盗（海商）的兴衰：基于全球经济发展的视角》

只要缴纳了"报水"即可获得郑氏令旗，在海上自由来往，否则就会被消灭。"报水"每船每年白银2000两，每年仅此一项，收入就在千万两白银以上。就连葡萄牙人也不得不通过郑氏运载货物，这时，郑芝龙集团垄断了中国与海外的贸易。

满清入关建立清朝之后，郑芝龙出于自己集团的商业利益考虑，在明清之间投机。他先与南明合作，但之后降清。其子郑成功则坚决反对降清，仍与南明合作对抗清。由于清占领金门、厦门，郑成功需要有一根据地，于是在1962年赶走荷兰人，占领台湾。为了消灭郑成功，清政府实行迁界与海禁。迁界就是强迫沿海居民内迁，海禁则是禁止海上贸易。这两项政策对郑氏集团打击甚大，使以商贸为主业的郑氏集团处于困境，木材、生活用品及粮食极为短缺。郑成功也用给移居台湾的内地居民以土地、农具等方法鼓励移民并发展生产，但台湾经济仍然困难，每石米常贵至五六两银子。郑氏集团内也有一些人降清。在海禁与招安两手政策的打击之下，台湾处境困难。在施琅的力主之下，康熙皇帝否定了朝中许多官员主张的放弃台湾，在1684年郑成功之孙降清后收复了台湾，并在台湾设一府三县。从此，台湾成为中国领土不可分割的一部分。郑氏集团从郑芝龙起，经历了郑成功、郑经、郑克爽，终于结束。

最后两章作为全书的总结，重点是第六章，说明中国的海商为什么会衰落，而没有像西方那样成为经济起飞的火车头。作者认为，这是因为海商集团没有以武装为后盾。应该说，各海商集团作为亦盗亦商的团体,是有自己的武装的,但是他们没有国家的支持。据德国经济学家在著名的《白银资本》中的估计,1545～1800年,世界白银有一半约7.1万吨流入中国,中国每年有价值278吨白银的货物出口,但中国海商数量并没有相应的增加。与此同时,国外贸易与海商迅速增加。这就在于国外海商得到政府有力支持,他们仗剑经商,政府对海盗的武力也给予保护和支持。而中国政府正好相反,不仅政府的武力不支持商人,而且对商人的武力也进行镇压、限制。没有政府武装的保护,中国商人在海外已取得的成绩也丢失了。例如,中国商人本来在马尼拉拥有相当大的势力,但由于政府用税收和行政手段限制中国船贸易数量,限制中国商人的自由,甚至支持殖民者屠杀中国商人,中国商人最终失败。中国商人在南洋的贸易由于商船没有武装保护而衰落。清朝在1679年开放了对日贸易之后,对日贸易活跃;但日本政府限制中国商人。对此中国政府并没有给予中国商人更多支持,导致中国商人最终衰落。由于海外贸易衰败,嘉庆年间的海盗活动对经济造成了破坏。作者还通过海防力量对比,说明了明清海防建设的薄弱,实际上政府即使想,也无能力保护中国的海商。在这一过程中,明清出口结构发生改变,也失去了生丝、瓷器、茶叶在世界上的垄断地位。同时,中国内地的商帮如徽商、晋商也衰落了。

　　海盗终于到了没落与终结的时候。基德作为海盗船船长,他和他的同伙全被处死,印度群岛的海盗没落,1856年的《巴黎

换个角度看中国海盗
——《明清海盗（海商）的兴衰：基于全球经济发展的视角》

海战宣言》宣布海盗非法。这以后就是各国海军争夺海上的时代了。

三

读完这一段历史，我更多地在想一个问题：中国明清政府为什么不像西方国家一样支持海商？这里有深刻的意识形态与制度根源。

从思想意识上说，中国一直以儒家思想为主流意识形态。当然，儒家思想也一直在变，早已不是当年孔子那一套。明清以后，占据主导地位的儒家思想是宋朝朱熹建立的理学。这个理学有两个特点对政策特别有影响。一是重农抑商的农本主义。尽管中国一直有发达的商业，但从商在社会上却被歧视。二是黄土文化，缺乏蓝色海洋文化开放的意识，保守封闭，向来不重视海权，也没有海权观念。满足于在自己的黄土地里建功立业，扩张也仅限于陆地上，没有在海洋上扩张、控制海权的思想。中国思想史上基本没有海权思想，造成中国对海上贸易的忽视，中国政府自然也不会支持商人的海上贸易行为。

从政治制度上说，从秦始皇以来，中国一直是中央集权制度，这种制度在明清达到顶峰。这种制度的目的不在于富民，而在于强国，而强国的目的仅仅是维护自己的统治。在维护统

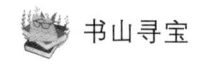

治上，不是以攻为守，即以扩张来维护统治，而是以防为先。开放，怕受到敌国的冲击，怕外国的思想进入扰乱人心，原本的主流意识形态受到怀疑；在国内，又怕商人"富可敌国"时对统治者造成威胁。尤其是从事海上贸易的商人在形成集团又有武装时，对统治的威胁就更大了。而且在这种体系上，由皇帝一个人决策，只会考虑自己的统治巩固，且又多短视。

这种僵化的意识形态和专制的制度，决定了明清政府不会支持海上贸易，不会保护海商集团，中国经济衰亡的命运早已注定。

最后想讲两点。

一是建议大家谈这本书时也读读雪珥先生的《大国海盗》。这本书不像我重点介绍的这本书一样，从海盗兼海商的角度来分析，但对中国的海盗介绍得更为全面、详细。王涛的书只讲了王直与郑芝龙集团，所以雪珥的书是一个极好的补充。雪珥的书没有那么强的学术性，写得通俗、有趣，读起来更容易一些。

二是本书的不足。这主要集中在短短的第六章第五节"中国内陆商帮的衰败"中。这一段文字不长，但错误不少。比如说徽商成为国内有影响的商帮是在明代实行开中制之后，这就不对。明初实行开中制，兴起的是晋商与陕商，徽商是在开中制转为纲盐制之后才兴起的。学术界也把这作为徽商形成之始。把徽商说成是经营茶叶贸易的也不准确。徽商经营四大产业——木、茶、盐、典当。其核心产业是盐业。徽商的衰落也不是因为茶叶贸易

换个角度看中国海盗
——《明清海盗（海商）的兴衰：基于全球经济发展的视角》

的衰落，而是清中期盐制由纲盐制改为票盐制，徽商失去盐业垄断权。晋商的衰落，也不是书中说的"与海外贸易丧失后与西方商人直接竞争关系密切"。晋商以内贸为主，茶叶贸易的地位没有那么重要。看来作者对其他商帮了解不多，短短的论述中就有不少错误或不准确的地方。这说明做学问，阅读面还是要广一些。当然，这只是白玉之微瑕。

> **阅读推荐**
>
> 王涛 著，《明清海盗（海商）的兴衰：基于全球经济发展的视角》，社会科学文献出版社，2016年。

图书在版编目（CIP）数据

书山寻宝 / 梁小民著. -- 北京：中国友谊出版公司，2022.9
 ISBN 978-7-5057-5499-7

Ⅰ. ①书… Ⅱ. ①梁… Ⅲ. ①书评－中国－现代－选集 Ⅳ. ①G236

中国版本图书馆CIP数据核字（2022）第112578号

书名	书山寻宝
作者	梁小民
出版	中国友谊出版公司
策划	杭州蓝狮子文化创意股份有限公司
发行	杭州飞阅图书有限公司
经销	新华书店
制版	杭州真凯文化艺术有限公司
印刷	杭州钱江彩色印务有限公司
规格	880×1230 毫米　32 开 9 印张　177 千字
版次	2022 年 9 月第 1 版
印次	2022 年 9 月第 1 次印刷
书号	ISBN 978-7-5057-5499-7
定价	52.00 元
地址	北京市朝阳区西坝河南里 17 号楼
邮编	100028
电话	（010）64678009